성공으로 이끄는
합격 풍수
인테리어

성공으로 이끄는

합격 풍수
인테리어

황종찬 지음

문원북
BOOK

최고의 아이로 키우고 싶다면

'공부'는 우리 인생에 있어서 절대적인 영향을 미친다고는 할 수 없겠지만 현재와 같은 경쟁 사회에 있어서는 많이 배우고 많이 아는 사람이 우대를 받는 것이 사실이다.

그리하여 소위 잘나가는 대학에 합격하기 위해서 머리를 싸매고 공부하게 된다. 부모님은 부모님대로 좋은 학교에 입학하기를 바라며 아이와 함께 침식을 같이 하는 것이 일반적인 일이 되어 버린 지 오래이다.

입시철이 돌아오면 각 교회며 사찰 등에는 철야 기도나 100일 기도라는 현수막이 나붙고 그 아래에서 당사자 못지않게 정성을 다해 기도하는 부모님들의 모습을 쉽사리 볼 수가 있다.

공부는 합격이라는 것과 연계되어 있으므로 수험생에게 좋은 점수를 받는다는 것은 절대적일 수밖에 없다. 공부란 좋은 환경에서 열심히 하면 반드시 좋은 결과를 얻게 마련이다. 물론 선천적으로 타고난 신동이나 천재가 있기는 하지만 그보다 노력이 더 중요하다는 것을 모르는 사람은 없을 것이다.

어려서부터 열심히 공부해서 수능시험을 잘 보아 무난하게 원하는 대학에 들어가고 졸업 후에는 취직시험에도 합격하여 좋은 직장에 들어간다. 직장에서는 승진시험에 통과하여 승승장구 출세 가도를 달린다. 인생에 있어서 이 모든 것은 역시 환경이 뒷받침되어야만 가능한 일일 것이다.

양택풍수에도 아이가 공부 잘하게 하는 풍수라는 것이 있다. 위에서도 잠시 언급했듯이 어려서부터 영민하게 공부를 해야 중·고등학생이 되어서도 성격이 삐뚤어지지 않으며 오로지 공부에만 매달려 좋은 성적으로 대학에 입학하고 사회에 나와서는 높은 관직에 올라 인생의 좋은 결실을 맺기 바라는 것이 부모된 심정일 것이다.

이처럼 순조로운 인생을 위해서는 무엇보다 가정운이 좋아야 한다. 부모의 운이 좋으면 자녀들의 운도 좋게 마련이다. 가족 전체가 건강해야 하는 것은 물론, 재물운도 좋아야 아이의 뒷바라지를 제대로 할 수 있을 것이다. 이같은 조건이 충족되었을 때 아이는 마음 편하게 공부에만 열중할 수 있기 때문이다. 그리고 아이가 기거하고 공부하는 방이 좋아야 길운이 된다.

이처럼 여러 가지 조건이 맞아야 좋은 성적을 얻을 수 있고 모든 시험에 무난하게 합격할 수도 있다. 이 때문에 가상학(家相學)이라고 하기도 하는 양택에서는 공부에 유리한 방이 따로 있다. 즉 집 안에서의 방향과 본명성이라고 하여 더 큰 힘이 얻어지는 9성법, 그리고 방 내부의 인테리어와 색상 등이 어우러져 기운을 더욱 활성화시킨다. 그러므로 시험을 치르면 두말할 여지없이 좋은 성적으로 합격된다. 이것은 어디까지나 환경의 개선으로 나타나는 영향이라고 볼 수 있다.

처음에는 막연하게 '공부 잘하게 하는 아이 풍수'라고 생각하며 집필을 시작했지만 결국 궁극적인 목적은 합격에 관한 내용이 되었다. 합격이란 영광도 되고 출세의 길도 되니 길운(吉運)이다. 이것을 통틀어 합격 풍수 인테리어라고 이름하는 것이 옳겠다. 성적이 점점 오르면 시험에도 합격하고 선거에 출마해도 당선되는 영광을 차지하게 될 것이니 이를 합격 풍수 인테리어라고 할 수 있을 것이다. 당신의 가족이나 자녀가 출세 입문하기 바란다면 이 합격 풍수를 읽기 바란다.

원유(2005)년 3월 압구정동 사무실에서
저자 황종찬

3. 아이의 공부방

4. 취직 합격

5. 공부 잘하게 하는
인테리어 소품

1. 집이 당신의 운명을
결정짓는다

집이 당신의 운명을 결정짓는다

집이 그곳에 거주하는 사람의 운명을 결정짓는다고 하면 매우 의아해 하는 이도 있을 것이다. 이는 양택 풍수(陽宅風水)의 기본 목적이기 때문이다.

풍수는 인류 발상지 중 한 곳인 황하 유역으로부터 자연적으로 시작되었다. 여기 물이 있는 곳에서부터 사람이 토굴이나 집을 짓고 살아왔기 때문이다.

이른 봄부터 불기 시작하는 서북풍은 고비 사막이나 내몽고 지역에서 모래바람을 일으켜 황하 유역에 사는 이 고대인들을 괴롭혔다. 여름에는 폭우로 황하가 범람하여 정성껏 지어놓은 토굴이나 가구들이 떠내려가는 것을 물끄러미 바라보고만 있어야 했다. 또 겨울에는 사납고 거친 북풍과 맞서 싸우는 등 끊임없이 시련을 겪어야 했다.

그들은 이 되풀이되는 고통의 환경에서 자연을 이겨내고 극복할 수 있는 방법을 생각했을 것이다. 그리고 새로 일군 논밭에서 풍요로운 수확을 바라고, 외부의 적이 침범했을 때는 싸워서 이기고 싶었을 것이다. 이것이 하나의 학문이 되어 탄생한 것이 바로 풍수라고 할 수 있다. 그러므로 풍수는 미신이 아니라 글자 그대로 바람과 물을 이용한 하나의 환경학이다. 진나라, 한나라, 삼국 시대에 이르러 지배자들은 풍수사를 곁에 두고 도시나 왕궁을 짓기도 했다.

인간은 낮 동안의 활동 시간을 제외하고는 심신을 쉬는 장소, 즉 집에서 휴식을 취하게 되므로 집이 얼마나 중요한지 짐작할 수가 있을 것이다. 가령 자동차는 기름이라는 에너지가 있어야만 움직이게 된다. 사람도 식사에서 영양분을 얻고 배설을 하고 잠을 자는 곳이 바로 집이다. 이처럼 대부분의 시간과 필요한 영양소를 얻는 집은 사람에게 절대적인 영향을 미친다고 할 수 있다.

예를 들어 화장실이나 욕실 등의 습기를 머금고 있는 집이 실내 공기가 원활하게 유통되지 못한다면 그곳에 기거하는 사람은 당연히 피로해지고 두통도 생길 수 있다. 또 주방에 통풍기가 없어서 가스나 조리 과정에서 발생하는 음식 냄새로 머리가 아플 수도 있다. 또 서쪽의 햇볕이 들어오는 곳에 꽃을 꽂아놓은 채 여러 날이 지난다면 꽃병의 물이 썩을 것이다. 이렇게 되면 이곳에 기거하는 사람의 건강은 좋지 않게 될 수도 있다.

이로 미루어 원인이 있으므로 발생하는 결과이니 이것을 미신이라고 치부할 수는 없을 것이다. 한마디로 풍수는 오랜 세월 사람들이 살아오면서 경험을 통해 혹은 통계적으로 이루어져 생겨난 하나의 생활 과학이라고 할 수 있다. 즉, 환경 정비학이다. 그러므로 집이 중요하고 잠자리가 운명을 결정을 짓는다는 말은 결코 잘못된 말이 아니다.

방위와 음양오행

풍수를 제대로 알기 위해서는 우선 음양오행이 무엇인지부터 알아야 한다. 음양오행에 관해서는 이미 여러 번 언급했으므로 잘 알고 있으리라 믿지만 다시 한 번 되풀이한다면 음양오행 사상, 이것은 동양 사상이자 철학이며 소박한 자연의 사고라고도 할 수 있다.

모든 사물에는 밝은 면과 어두운 면 2가지의 상반된 면이 있다. 햇빛이 비치고 밝은 면을 양이라 한다면 그와 반대 방향인 그늘지고 어두운 쪽은 음이 된다. 사람도 이와 같아서 양의 사람과 음의 사람이 있다. 즉, 음(陰)과 양(陽)은 우주를 관장하고 삶의 모든 양상을 지탱하는 근본이다.

음은 여성적이며 수동적이고 어둠인 반면 양은 이와 반대되는 남성적이며 능동적이고 밝음을 의미한다. 하늘이 양이라면 음은 땅인 것과 같은 이치이다. 음과 양은 함께 어우러져 천지라는 우주 공간을 만들고 있는 것같이 조화를 이루고 있다. 이 둘은 상호 의존적이다. 차가움이 없으면 뜨겁다는 개념도 존재할 수가 없는 것처럼,

손등이 없으면 손바닥이 없는 것처럼, 삶이 없으면 죽음이 없는 것과 같다. 남성 안에 여성이 있고 여성의 내면에 남성이 있는 것 같이 음과 양이 서로 톱니바퀴처럼 물려 돌아가는 것이다.

우주는 비어 있는 동시에 또한 가득 차 있다. 해와 달과 별 등의 물질이 가득 차 있는 창공에서 하늘(陽)과 땅(陰)이 나온다. 그 보금자리 안에는 남자(陽)와 여자(陰)가 어울려 살고 있다. 이렇게 하여 자연 어느 곳에도 음양이 개입되어 있지 않은 곳이 없다. 이를 잘 분별하여 보(補)하고 사(瀉)하여 적정선에 있도록 해야만 한다. 두 힘을 조절하여 중용(中庸)을 유지시키는 데에 그 목적이 있는 것이다.

이렇게 이상적인 환경을 만드는 것이 풍수의 목적이다. 음기가 가득하고 어두운 곳에는 빛을 넣어 밝게 하고, 반대로 햇볕이 너무 밝고 강하면 커튼이나 가리개로 그 햇볕을 막아서 적당한 햇살과 밝음을 유지시키는 것이다.

우주 공간의 모든 사물은 크게 다섯으로 나누는데 목(木), 화(火), 토(土), 금(金), 수(水) 이 다섯을 일컬어 5행이라고 한다. 삼라만상은 이 다섯 가지 성질로 운행되고 있다. 즉 상호 연동하고 영향을 미치면서 조화를 이루고 있다고 한다.

예를 들면 나무(木)는 불(火)에 타고, 타버린 재는 흙(土)이 되며, 흙은 금(金)을 낳고, 금은 또 이슬이 맺혀 물(水)을 만들어 내게 된다.

물은 다시 생명의 나무를 만들고 그 나무는 불에 타고 불탄 나무는 흙이 되고 흙은 다시 금을 만들어 내고 금은 또 물을 만들어 낸다. 이 다섯가지 물질이 원을 만들어 끝없이 돌아가는 것을 오행설이라고 한다.

이것은 동양학에서는 모자(母子, 어머니와 자식) 관계 같다고 한다. 좀 어려운 말이 될지는 몰라도 허자보기모(虛者補其母), 실자사기자(實者瀉其子)라는 말이 있다. 연약하고 허약한 자식은 어머니로부터 보충받고 실한 자는 아들의 몸에서 뺀다는 것이다. 즉, 모자라는 것은 어머니가 보충하고(相生), 많으면 그 아들이 억제한다(相剋)는 뜻이다. 물은 나무의 어머니이고 불은 나무의 아들이라고 할 수 있다.

다음은 상극(相剋) 관계이다. 여기서는 어느 쪽이 강하고 다른 한 쪽은 약한 역학 관계가 있다. 즉 물은 불을 끄고 불은 금을 녹여 금이 도구가 되어 나무를 자르고 나무는 흙의 양분으로 빨아들여 성장한다는 것이다.

상생과 상극의 관계는 조화를 취하는데 있어서 가장 필요한 조건이다. 상극만의 관계라면 강한 것은 더욱 강해지고 약한 것은 더욱 약해지기 때문이다. 그러므로 모든 자연계의 환경은 눈에 보이는 것이나 보이지 않는 것이나 이 오행설에 적용되며 분류된다.

이 내용을 기억해 두었다가 방위나 인테리어에 적용하도록 해야 한다.

방위에는 소중한 의미가 있다

풍수에서 그 무엇보다 중요시하는 것은 방위이다. 절대적이라고 할 수 있다. 방위의 의미를 알지 못하고는 인테리어에 있어서 좋고 나쁨을 분별할 수가 없다. 이는 필자가 쓴 '현대주택풍수'의 방위 해설에서 언급했으므로 어느 정도 알고 있을 것이다.

다시 한 번 이 자리를 통해 간단하게 설명하면, 방위의 분할은 패철이라는 나경(羅經)에서 볼 수 있는 것처럼 4방으로부터 시작해서 8방, 24방, 32방 등 여러 방위를 더욱 세밀하게 나누게 된다. 하지만 양택에서는 대개 4방과 8방, 그리고 24방 정도만 사용하고 있으나 그 중에서 가장 많이 사용되는 것은 8방위이다.

8방이란 정사방(正四方)과 사우방(四隅方)을 말한다. 정사방은 동, 서, 남, 북이고 사우방은 동북, 서남, 서북, 동남의 네 방향이다. 즉 북, 동북, 동, 동남, 남, 서, 서북 이 여덟 방위이다. 이 8개의 방위에는 실질적인 의미와 상징적인 의미가 있을 뿐만 아니라 오묘한 철학이 곁들여져 있다. 이 8방을 8괘라고도 하는데 하나하나 각각의 의미

도 있지만 다른 어떤 의미와 연관되어 나타나기도 한다. 즉 각각의
뜻이 함께 어우러져 의미를 나타내기도 한다.

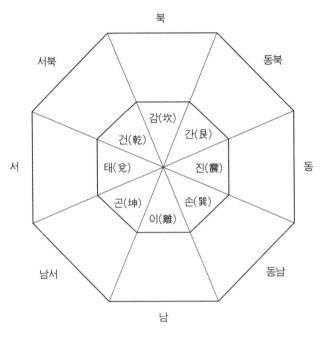

8방 방위도

간략하게 설명을 하면 8방위 중 북방의 의미는 숨은 노력 혹은
비밀, 고독 같은 의미를 내포하고 있다. 또 풍수에서 말할 때는 감
(坎)이라고 해서 일반적으로 말할 수만은 없지만 좋은 면이 더 많
다고 할 수 있다. 그러나 한 마디로 폭발할 우려가 있어 주의가 필
요하다.

동방, 동남방은 4신 중 청룡에 속하는데 계절로는 봄을 나타낸다. 봄은 따뜻하면서도 약동하는 계절이므로 식물의 눈을 틔우고 나뭇가지에 푸르름을 더한다. 즉 활력, 충실, 젊음을 상징하여 발전을 강하게 시사한다. 이 두 방위는 행운이 있는 길 방위라고 할 수 있다. 하지만 이 방향은 수비가 약하여 나쁜 기에게 문을 열어두고 있다고 볼 수 있으므로 확실하게 방어 태세를 갖추지 않으면 안 된다.

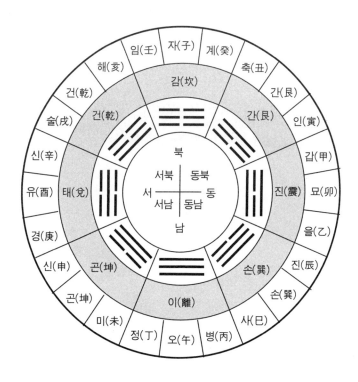

8방위, 24방위반

남방, 남서방은 주작이라고 하여 계절로 치면 여름을 나타낸다. 여름의 따가운 햇살로 인해 나뭇잎은 더 싱싱하고 열매는 영글어 간다. 그러므로 모든 사물이 충실, 즉 기운이 충만한 방위이다. 이 충실이 매력으로 작용하여 주위에 사람들이 몰려들어서 왕래나 교류가 끊이지 않는다. 하지만 충실함을 믿고 가만히 앉아 있으면 나쁜 방향으로 전환되어 공포스러움이 다가들기 마련이다. 그러므로 방심은 금물이다.

서방과 북방 사이는 4신 방위에 있어서 백호이고 계절로는 가을을 상징한다. 가을은 수확의 계절로 안정이나 평온, 즐거움을 나타낸다. 이 방위는 새로움이 없다고 할 수 있다. 그러므로 이 방위는 공격이 아니라 수세라고 하는 편이 옳을 것이다.

이처럼 4신방이나 8방위의 기초 지식만 있으면 풍수를 이해하기 쉽고 이해가 깊어 운세를 볼 수 있게 될 것이다.

8방의 의미

동쪽(震方)

__ 태양이 솟는 방위이다. 아침의 신선한 기운, 활력, 발생, 근면, 성장, 그리고 성공 등을 의미한다

__ 하루 중 오전 5시~7시(卯時) 사이를 말한다.

__ 일년 중 봄, 음력으로 2월(卯月), 양력으로는 3~4월에 해당한다.

__ 60간지(干支)로는 토끼띠, 즉 정유(丁卯), 을유(己卯), 신유(辛卯), 계유(癸卯), 을유(乙卯)

__ 인체로 보면 다리(足), 목구멍(喉頭), 간장(肝臟) 등의 활동 부분

__ 가정에 있어서는 장남(長男)

__ 색상으로는 청색(靑), 남색(藍色)

__ 오행의 성격으로는 목(木)으로 수목(樹木), 대나무 종류를 말한다.

__ 8괘 부호는 진(震)

__ 자연현상은 뢰(雷). 이 뢰는 단순하게 소리의 표현만이 아니고 진동, 경기, 분노 등으로 보이지는 않지만 격동하는 것을 의미한다.

동남쪽(巽方)

__ 태양이 떠올라 강하게 빛을 발하는 위치이다. 이것을 노력, 준비, 번영과 이익을 상징한다.

__ 하루 중 오전 7시~11시로 진(辰)과 사(巳)의 시각

__ 1년 중 계절로는 봄(晚春, 4~5월)에서 초여름까지, 음력으로는 3월~4월로 진(辰)과 사(巳)의 달

__ 60간지로는 용띠로서 무진(戊辰), 경진(庚辰), 임진(壬辰), 갑진(甲辰), 병진(丙辰)과 뱀띠인 기(己), 신(辛), 계(癸), 을(乙), 정(丁)

__ 인체 부위로는 허벅지, 둔부, 장, 머리카락

__ 집에서는 장남

__ 색상은 청색(靑), 엷은 남색(籃色)

__ 오행의 성격은 목(木), 나무 줄기와 잎으로 잎사귀가 녹색으로 무성한 모양을 의미한다.

__ 8괘의 부호로는 손(巽)

__ 자연현상으로는 바람(風). 이 바람은 어디든지 마음내키는대로 가게 되는데 여행을 상징한다. 의지의 불안정, 진퇴의 어려움, 의

혹, 결단력 부족, 잠입, 잠복, 욕심이 많고 박정하여 좋지 않은 상황을 암시한다.

남쪽(離方)

__ 정오에 다달아 힘이 강한 혜택을 준다. 명예와 지위가 빛난다. 아름다움, 강성을 상징한다.

__ 하루 중 오전 11시~오후 1시 사이, 오(午)의 시각

__ 1년 중에 여름, 음력 5월, 오월(午月, 5월은 어린이달이다)

__ 60간지로는 소띠이다. 경오(庚午), 임오(壬午), 갑오(甲午), 병오(丙午), 무오(戊午)

__ 인체에 있어서는 눈(目), 심장(心臟), 혈압

__ 집에서는 자매에 속하는 여자, 둘째딸, 중년 여성

__ 색상은 빨간색(赤色)

__ 오행으로는 화(火)

__ 8괘의 부호로는 이(離)

이(離)방은 화(火)와 같아 연소, 휘발, 소실을 상징하고 있으므로 성급, 사악, 낭비 등에 휘말리기 쉽다. 절도 있는 언행을 사용하고 있어 아주 정확하게 이루려 한다.

서남쪽(坤方)

　　__ 해가 서쪽으로 이동해서 천천히 기우는 위치에 있어서 아주 조용하다. 순종과 독실, 겸직을 상징한다.

　　__ 하루 중 오후 1시부터 5시까지, 미(未)와 신(申)의 시각이다.

　　__ 계절로는 늦여름부터 초가을에 이르는 음력 6월 하순부터 8월 초순까지이다.

　　__ 60간지에서는 양띠로 계미(癸未), 정미(丁未), 기미(己未), 원숭이띠로는 임신(壬申), 갑신(甲申), 병신(丙申), 무신(戊申), 경신(庚申)

　　__ 인체에서는 복부, 위, 비장(脾臟), 근육

　　__ 집에서는 어머니, 가정의 주부, 노년 여성

　　__ 색상으로는 황색(黃色)

　　__ 오행의 성격으로는 토(土)

　　__ 8괘의 부호로는 곤(坤)

　　이 곤(坤)은 땅과 같은 의미를 가지고 있어서 만물을 육성하고 생장시키는 대지를 나타낸다. 둔하고 태만하며 고집과 편견, 비굴한 면을 나타낸다.

서쪽(兌方)

　　__ 태양이 넘어간다. 황혼이 다가오는 시기이다. 일을 끝내고 집으로 돌아온다. 단란하게 식사를 하는 의미, 또 식사 준비를 서두르

고 있으므로 단란, 희열, 온화, 친밀 등의 감정의 움직임을 표시하는
것이다.

　__ 하루 중 오후 5시~7시, 유(酉)의 시각이다.

　__ 1년 중에는 음력 8월(酉月)이다.

　__ 60간지에서는 닭띠이다. 계유(癸酉), 을유(乙酉), 기유(己酉), 신
유(辛酉)

　__ 인체에서는 입(口), 폐장(肺臟), 호흡기

　__ 집에서는 여아(딸), 소녀

　__ 색상은 백색(白色)

　__ 오행의 성격으로는 금(金)

　__ 8괘의 부호는 태(兌)

　태는 자연에 있어서 자세는 못(澤)이라고 하여 소택(沼澤)의 지
(地)로 표시되기도 한다. 슬픔, 우울, 상심의 고통, 색정, 비굴 등을 의
미한다.

서북쪽(乾方)

　__ 밤이 찾아와 잠잘 시간으로 완수, 완벽을 나타낸다.

　__ 하루 중 오후 7시에서 11시 사이, 개(戌)와 해(亥)의 시각

　__ 1년 중 만추부터 초겨울, 음력 9월에서 10월에 이르는 무(戌)와
해(亥)의 달

　__ 60간지로는 개와 돼지띠, 갑술(甲戌), 무술(戊戌), 경술(庚戌), 임

술(壬戌)과 돼지띠인 을해(乙亥), 정해(丁亥), 기해(己亥), 신해(辛亥), 계해(癸亥)

___ 인체에 있어서는 머리(頭), 골(骨)

___ 집에서는 아버지, 가장, 노년

___ 색상은 백색(白色)

___ 오행의 성격은 금(金)

___ 8괘의 부호는 건(乾)

건은 자연계에서 하늘(天)을 의미하고 하늘은 건강하고 재능이 풍부한 사람을 길러 적극적으로 대치하는 노력을 나타낸다. 존귀, 부유, 위엄, 결단, 방만, 흉폭, 가혹, 자신감 과잉으로 손실을 초래한다.

북쪽(坎方)

___ 어둠이 깊어 새로운 새날이 열리는 그 날을 기다리게 한다. 겉으로 드러나는 것은 없지만 내적으로 비밀스러움이 있다.

___ 하루 중 오후 11시에서 새벽 1시까지, 자(子)시

___ 1년 중에서 겨울이다. 음력으로 11월, 자(子)월

___ 60간지로는 쥐띠, 갑자(甲子), 병자(丙子), 무자(戊子), 경자(庚子), 임자(壬子)

___ 인체에서는 귀, 신장(腎臟), 생식기관

___ 가정에서는 형제, 남자, 차남, 중년 남성

___ 색상으로는 검정(黑色), 어두운 한색(寒色)

___ 오행의 성격으로는 수(水)

___ 8괘의 부호는 감(坎)

감(坎)은 물이라고 하여 조용하게 머무는 것이 아니라 흐르기 때문에 평화, 자유, 친절, 호의 등을 나타낸다. 교제, 긴밀, 자연체의 경지를 암시한다. 잠재적 고민, 곤혹, 위험 등이 있음을 암시한다.

동북쪽(艮方)

___ 새로운 하루가 다시 시작된다. 어두운 밤이 가고 밝은 새날을 맞게 된다. 변화가 있음을 상징한다.

___ 하루의 시작인 1시부터 오전 5시 사이, 축시(丑時)와 인시(寅時)

___ 1년 중에서는 늦겨울부터 초봄까지, 음력 12월(丑月), 음력 정월, 인(寅)의 달

___ 60간지로는 소띠, 을축(乙丑), 정축(丁丑), 기축(己丑), 계축(癸丑)과 범띠인 병인(丙寅), 경인(庚寅), 임인(壬寅), 갑인(甲寅)

___ 인체로는 허리, 등(背), 코, 손가락

___ 집에서는 남자아이, 소년

___ 색상은 황색(黃), 황토색(黃土), 차색(茶色)

___ 5행의 성격은 토(土)

___ 8괘의 부호는 간(艮)

간(艮)은 높은 산과 같다는 뜻으로 정지, 지체, 보수, 근신, 후퇴

등을 상징한다.

　이상의 방위 의미는 추상적이기는 하지만 분명히 상징성이 있다. 양택에 있어서 분명히 가상이라는 주택 풍수학은 이 8괘의 의미가 통계학적으로 8~90%는 맞는다고 할 수 있다.

방위의 길흉

북(坎)방의 길(吉) 작용

__ 병에 걸려도 회복이 빠르고 가족 전체가 건강하게 지낼 수 있다.

__ 부부의 애정이 강하고 이해와 사랑이 깊다.

__ 친절한 아이에게 도움을 받는다.

__ 견실한 집안이어서 온풍이 감돈다.

__ 지혜로운 부하로부터 도움을 받고 아래 사람으로부터 존경과 흠모를 받는다.

__ 많은 사람이 존경심을 갖는다.

__ 교제 범위가 넓어 많은 친구로부터 도움을 받는다.

__ 지식욕이 왕성해서 사고력이 풍부하다.

__ 문학이나 교육의 혜택을 누리게 된다.

북(坎)방의 흉(凶) 작용

__ 가족에게 항상 질병의 우환이 있고 회복도 지연된다.

__ 내향적 성격으로 고독에 깊이 빠지기도 쉽다.

__ 부부 사이가 나쁘며 이성 문제가 발생하고 이혼 소동이 벌어진다. 끊임없이 불화가 발생한다.

__ 집안이 어두우며 냉냉하다.

__ 아이가 부끄럼을 많이 탄다.

__ 아이가 비행에 빠져들고 아버지의 가르침에 반항하기 일쑤이다.

__ 경제적인 여유가 없어서 어려우나 억지로 잘 참아나가려 한다.

__ 친한 사람이 없어서 돈이나 지위 등을 잃을 수가 있다.

__ 자제심이 약해서 유혹에 빠지기 쉽다.

동북(艮)방의 길(吉) 작용

__ 가족이 모두 건강하다. 그러므로 평화롭고 안정된 생활을 누릴 수가 있다.

__ 가까운 친척과 사이좋게 지낸다.

__ 아이가 유능한 후계자가 되어 일가는 번영하게 된다.

__ 비즈니스의 재능이 있고 사업이나 상업에의 수완이 있어서 재

산을 많이 모은다.

___ 부동산 운이 있다. 토지나 가옥의 매매로 그 차액을 많이 남길 수 있다.

___ 부하나 협력자로부터 많은 도움을 받을 수가 있다.

___ 주변의 신망이 두터워 신뢰를 쌓는다.

동북(艮)방의 흉(凶) 작용

___ 평소 가족에게 병이 잦아 편안하게 지낼 수 없다.

___ 남편이나 남자 아이가 생활력이 없어 의지하지 못한다.

___ 친척이나 일가 때문에 불화가 자주 일어나 고민이 많다.

___ 아버지로부터 물려받은 사업에 실패하거나 상속받은 재산, 부동산도 지키지 못하고 잃기 쉽다.

___ 사업이 유지되지만 발전하지 못한다. 빌린 돈에 부담을 느낀다.

___ 후계자 문제나 유산, 상속 문제로 고민이 많다.

___ 의지하던 사람으로부터 의절을 당하게 된다.

___ 배신 행위로 인해 사회적 신용을 잃는다.

동(震)방위의 길(吉) 작용

___ 가족 모두가 건강하여 사람들이 부러워하는 즐거운 가정을 꾸

밀 수가 있다.

   __ 체력이 건실하여 피로회복도 빠르다.

   __ 적극적 성격으로 지식욕도 왕성하다.

   __ 아들, 특히 장남인 경우 밝고 총명하게 자란다.

   __ 부하의 도움이 커서 출세가 빠르다.

   __ 기획력이 있기 때문에 자기가 가진 힘을 충분히 발휘한다.

   __ 획기적인 사업을 일으키거나 발명이나 연구로 크게 성공을 거
둔다.

   __ 의욕적이어서 성공을 거둘 수 있다.

동(震)방의 흉(凶) 작용

   __ 스트레스가 쌓이기 쉬우며 한 번 병에 걸리면 회복이 빠르지
않다.

   __ 건강하지 못하고 무거운 병에 걸릴 수 있다.

   __ 교통사고 같은 변고를 당하기 일쑤이다.

   __ 자기 멋대로 좋아하고 싫어하는 성격으로 좋은 호평을 받지
못한다.

   __ 의욕이 별로 없으며 하는 일에도 일관성을 갖지 못한다.

   __ 남자 아이, 특히 장남에게 문제가 생기기 일쑤이다. 결혼운도
별로 좋지 못하다.

   __ 가정 내 폭력이 일어나면 집안이 황폐해지기 쉽다.

__ 하는 일도 잘 풀리지 않는다. 일터도 전전하게 된다.

동남(巽)방의 길(吉) 작용

__ 가족 모두가 건강하면서 하루하루 밝게 보낸다.

__ 교류가 활발하며 가정도 화목하고 활기가 넘쳐흐른다.

__ 사교적이어서 인기가 높다. 신용도 좋아 리더가 된다.

__ 연애, 결혼운 등이 있다. 특히 여성은 좋은 상대나 배필을 만난다.

__ 뜻밖의 행운을 잡는다.

__ 금전의 회전이 좋아 장사가 아주 번창한다.

__ 멀리 거래가 이루어져서 일운이 활발하게 상승하게 된다.

동남(巽)방의 흉(凶) 작용

__ 사교성이 없으며 집안에만 들어앉아 허송세월한다.

__ 부부 사이가 원만치 않고 애정도 식어 가출 소동도 벌어진다.

__ 인간관계에 어려움이 있다.

__ 기회를 잡지 못하고 번번히 놓친다.

__ 근거 없는 소문 때문에 고민을 거듭하게 된다.

__ 사회적 신용을 쌓는 일이 잘 되지 않는다.

__ 사업이며 일이 불안정하여 금전적 손해를 본다.

남(離)방의 길(吉) 작용

__ 종교심과 정신력이 대단히 높다. 마음이 풍요로워 편안한 생활을 이룰 수 있다.

__ 인맥이 좋다. 인격 높은 사람들과 교제를 하여 인간성이 높게 평가받는다.

__ 발상이 풍부하여 새로운 분야를 개척하고 많은 사람들에게 주목을 받는다.

__ 윗사람의 눈에 들어 도움을 받는다. 직위와 명예, 명성의 도움을 얻는다.

__ 주변 사람의 도움으로 실력 이상으로 일이 잘 된다.

__ 미적 감각이 뛰어나서 예술적 재능을 발휘한다.

남(離)방의 흉(凶) 작용

__ 감정 조절이 잘 되지 않아 정신적으로 불안정하다.

__ 자기 과시욕이 강해서 부부간에도 입싸움이 끊이지 않는다.

__ 가족 모두 자기 주장이 강해서 불화가 끊이지 않는다.

__ 화재를 당하거나 중요한 계약서를 잃어버리고 재산을 잃기도

한다.

＿ 자기 중심적이어서 고집이 강해 비난당하거나 소외당하기 일 쑤이다.

＿ 허영심이 강해 실력 이상의 일에 집착하여 실패하기 일쑤이 다.

＿ 명예를 손상하게 할 정도로 불화 때문에 고민하는 경우가 있 다.

남서(坤)방의 길(吉) 작용

＿ 가족 모두가 건강하다. 경제적으로 안정되어 생활에 고통을 느 끼지 않는다.

＿ 고부간에 사이가 좋아 가정이 항상 명랑하다.

＿ 주부가 부지런하여 건실한 가정을 이룰 수 있다.

＿ 주인은 평소 부지런하고 아이들 역시 착하게 자란다.

＿ 상사나 친구에게 신뢰를 받는다. 부하에게도 존경을 받는다.

＿ 자애 가득한 성격으로 헌신적으로 일에 임하여 보람을 느낀다.

남서(坤)방의 흉(凶) 작용

＿ 여성이 건강하지 못하여 부인병이나 위장병, 피부병 등에 걸

리기 쉽다.

___ 주부가 외출이 잦아 가족들의 대화가 잘 이루어지지 않는다.

___ 고부간 사이가 나빠서 다툼이 그치지 않는다.

___ 남자는 집에 잘 들어오지 않는다. 일찍 죽을 운이다.

___ 일이 계속되지 못해 직업을 자주 바꾸게 된다.

___ 알뜰해서 땅이나 집을 장만하지만 오래 가지 못하고 남의 손에 넘기고 만다. 부동산 운은 없다.

___ 노력을 해도 그 대가가 돌아오지 않고 금전으로 인한 고통이 지속된다.

서(兌)방의 길(吉) 작용

___ 건강하여 장수한다.

___ 사교적이어서 좋은 친구들의 도움을 많이 받는다. 그뿐만 아니라 여러 사람들에게 사랑을 받게 된다.

___ 여성은 밝고 명랑하고 한마디로 매력적이다.

___ 결혼운이 있다. 좋은 배필을 만나 밝은 가정을 이룬다.

___ 아이가 밝고 노인도 친절하며 웃음이 끊이지 않으니 명랑하고 화목하다.

___ 돈운이라고 하는 금전운이 있다. 의식주 문제는 그리 얽매이지 않는다.

___ 고생을 겪어도 보답은 그만큼 돌아오게 되어 있다.

서(兌)방의 흉(凶) 작용

__ 항상 침착하지 못해 병에 걸릴 위험이 다분하다.

__ 주인의 노동력이 없어 여유 있는 생활이 되지 못한다.

__ 아이들은 공부 의욕이 없고 비행에 빠지기 쉽다.

__ 가족 사이가 나빠서 분규가 끊이지 않는다.

__ 여성은 음기로서 모두 굽어진 성격이다. 연애에 있어서 잡음이 많이 일어난다.

__ 결혼 상대를 좀체 만날 수가 없다.

__ 도박으로 큰돈을 잃게 된다. 큰돈이나 귀중품을 도난당하는 경우가 있다.

서북(乾)방의 길(吉) 작용

__ 주인은 위엄이 있고 일도 열심히 하여 돈을 모으게 된다. 그리하여 가족에게는 위엄과 존경을 받게 된다.

__ 생활은 안정되어 있어 자손대대로 번영하게 된다.

__ 아이들도 건강하게 잘 자라며 두뇌도 명석하다. 아버지의 기대를 저버리지 않는다.

__ 사업이 순조롭게 발전하며 큰 재물을 쥐게 된다.

__ 실행력이 있어서 사람들의 시선이 집중된다. 지위나 명예도 얻는다.

__ 유유자적한 노후를 보낸다.

__ 선조의 도움으로 기질이 강건하고 가족의 단합이 강하다.

서북(乾)방의 흉(凶) 작용

__ 주인이 고집불통이어서 가족 모두가 혐오하고 고립당하기 일 쑤이다.

__ 주인이 질병을 가지고 있어서 일할 의욕이 없으며 집안은 안 정되지 않는다.

__ 주인에게 재난이 일어난다.

__ 주인은 위엄과 책임감이 없어 가족으로부터 경시당한다.

__ 아이들은 아버지에게 반항을 하고 가족간에 싸움이 끊일 날 이 없다.

__ 아내의 성격이 강해 부부 사이가 좋지 않다. 언젠가 주인은 집 을 비우게 된다.

__ 사업도 잘 되지 않고 재산운도 잃게 된다.

__ 도박으로 큰 돈을 잃게 된다.

방위와 색상

색깔은 무한한 힘을 가지고 있다. 자연의 색하면 원래 무지개 색을 비유해서 7가지라고 하기도 하지만 미국은 5가지 색, 멕시코는 6가지 색 등 나라마다 그 색깔이 다르다고 한다. 그러한 색을 중심으로 다른 색들과 결합을 시키면 최고 200여 가지 이상의 색깔도 나올 수 있다고 하니 참으로 놀라운 일이 아닐 수 없다.

사람은 원래 감정의 동물이라서 그런지 색깔에 따라 감정이나 기분이 달라지게 마련이다. 석양의 노을, 푸른 망망대해의 바다, 파란 하늘, 뭉개구름, 초록빛 초원 우리는 이같은 자연현상을 보면서 감동을 받는다.

이뿐만 아니라 수험 공부에 있어서도 색상의 힘은 절대적이다. 감동, 흥분되는 파워가 기를 좌우하기 때문이다. 그러므로 공부를 하고 수험에 임하자면 색깔을 무시할 수만은 없다.

집이나 자신이 머물고 공부하는 방 하나에서도 여러 가지 색상을 접하게 된다. 예를 들어 방안의 벽지나 방바닥의 장판 색깔, 창문의 커튼, 블라인드, 방에 걸린 그림, 책상 위에 놓인 장식물 이런 색깔에 따라 사고의 파워가 달라지기 일쑤이다.

그러므로 먼저 방위에 어울리는 색깔부터 알아둘 필요가 있다. 그 것은 방위마다 행운을 불러들이는 색상이 있고 그 색깔로 인하여 머리 속이 밝고 맑아지며 자신이 가진 최대의 지성미를 발휘할 수 있으므로 매우 중요하다.

행운의 기가 강하게 작용하는 방위별 색상을 알아보자.

방위가 주는 행운의 색상

북(坎)방__ 검은색, 회색, 핑크색, 오렌지색

동북(艮)방__ 빨간색, 노란색, 진갈색, 흰색

동(震)방__ 빨간색, 파란색, 자주색, 흰색

동남(巽)방__ 오렌지색, 초록색(연초록), 베이지색, 빨간색, 흰색

남(離)방__ 초록색, 베이지색, 빨간색, 흰색

남서(坤)방__ 초록색, 흰색, 검은색, 노란색, 흰색, 갈색

서(兌)방__ 노란색, 핑크색, 빨간색, 흰색, 갈색

북서(乾)방__ 베이지색, 노란색, 빨간색, 흰색, 갈색

위의 색상을 참고하여 하나의 예를 들어 보자.

자기가 사용하고 있는 동쪽 방에 전등이나 전등 갓을 빨간색 계열로 장식하고 남쪽은 검정색 테두리가 있는 액자를 걸어둔다. 그

러면 방위의 색상 극대화가 이루어져서 공부가 잘 되고 수험에 합격률이 높다.

이렇게 장식하면 동쪽의 성공운과 발전운, 원기 등이 이루어지고 남쪽의 지성이나 명예운이 동쪽과 맞물려서 시험에 합격하고 출세의 기운을 얻을 수 있다.

가옥 전체를 놓고 볼 때 집의 북쪽 공간은 검은색이나 흰색을 느끼게 하며 집의 남동쪽 공간은 녹색 계열로 다자인이나 장식한다면 운기를 상승시켜서 무난히 합격할 수가 있다. 이렇게 방위에 어울리는 색상을 이용하면 최대의 효과를 거두어들일 수 있다. 방위의 파워와 색상이 어우러져 예상 외의 힘을 발휘하는 것이다.

그럼 색깔의 의미를 알아보자.

색깔의 의미

녹색(綠色)

안정과 건강을 관장한다.

녹색은 8괘 중 손방(巽方)에 해당되며 손방은 동남방이다. 또 남쪽과 인접하고 있어서 밀접한 관련도 있다. 이 색깔은 사회적인 신용과 인간관계, 지적인 능력, 결혼과 관련된 작용이 크다. 그리하여 이 녹색을 의상에 사용하는 경우가 많다.

인테리어, 의상, 장식물에 활용을 잘 하면 그 방면의 운세가 대단히 좋아질 수 있다. 더구나 이 녹색 계열은 정신적으로 안정감을 준다.

파릇파릇 돋아나는 나뭇잎이나 식물들의 녹색에서 느껴지는 싱그러움 그 자체가 바로 생기인 것이다. 그뿐만 아니라 상징성으로 다시 태어남(재생), 편안함 같은 의미를 불어넣어 준다. 따라서 이 녹색은 신용이나 결혼뿐만 아니라 심리적 만족감, 재도전과 같은 의미를 담고 있다. 아울러 녹색의 잎사귀는 싱싱함도 보여줄 수가 있어서 건강을 의미한다.

특히 햇살이 잘 드는 남쪽과 동남쪽은 녹색이 가지고 있는 행운의 작용을 상승시켜 준다. 집안의 남쪽 창가나 남동쪽 창가에 녹색을 띠는 관상용 식물류를 키우면 싱싱한 기를 더 받을 수가 있다. 그리고 녹색 장식물을 두면 이 녹색이 품고 있는 행운의 기운이 생활에 도움을 주어 사회적으로 빠른 성공을 달성할 수가 있고, 천생연분을 만나서 결혼도 할 수 있다. 즉 이 녹색은 활발하고도 좋은 색상이라고 할 수가 있다.

노란색(黃色)
금전운을 부른다.

노란색은 황국(黃菊)이나 노란 장미와 같은 단순한 색과 황금이나 오렌지류 등 여러 색상을 포함하고 있다.

흔히 금을 지칭할 때 황금이라 하고, 돈을 황금이라 일컫기도 했다. 그 옛날 우리 조상들이 화폐로 이용해 온 엽전은 구리나 동으로 만들어져 있었기 때문이다. 그래서 풍수에서는 이 노란색을 금전운을 불러들이는 색깔로 여긴다.

황금색 계열의 옷이나 지갑, 장식품, 가구는 물론 노란색 계통의 화초 역시 금전운과 밀접하게 연관되어 있다. 골드카드도 황금색이므로 지갑에 노란색 카드(골드카드)를 넣고 다니다는 것은 돈과 관련이 있다. 특히 금전운을 지배하는 서쪽(兌方) 방위에 이 노란 색상을 활용하다면 수입이 날로 증가하고 횡재라고 할 수 있을 정도로 돈을 벌 기회가 생겨난다. 그러니 노란색은 황금과 직결되어 있다 해도 과언이 아니다.

서쪽 장식장 위에 프리지아, 해바라기, 황국, 노란 장미를 꽂은 꽃병을 놓는다거나 황금색 계열의 장식장을 서쪽으로 놓는다면 효과가 매우 좋을 것이다. 구리로 된 황금 거북, 황금 두꺼비, 구리 황소, 구리 주전자 등을 진열해도 황금이 붙을 것이다. 황금은 자기 색깔과 비슷한 색을 유난히 좋아하고 즐긴다.

또 계란프라이, 유부 등 노란색이나 황금색 음식을 먹으면 빈혈증에 효과가 있다고 한다.

파란색(靑色)

파란 가을 하늘이 떠오른다.

여기서 파란색은 하늘빛을 의미한다. 이 색상은 상상만으로도 시원하다는 느낌을 주고 청량감을 느끼게 한다. 초록색이 안전의 색이었다면 파란 색상은 협조와 동화, 단체성을 띤 색깔이라고 할 수 있겠다.

병원에 가면 입원한 환자들이 하늘색 환자복을 걸쳤던 때가 있었다. 의사들은 초록색 수술복을 애용하기도 한다. 이는 물론 깨끗함을 나타내기도 하지만 환자들에게 안정감을 주기 위한 수단이라고 할 수 있다.

여름철 중고교 학생들의 교복을 보면 파란색이 월등히 많다. 그것은 개인보다 단체를 부각시키는 파란색 자체의 의미 때문이라고 할 수가 있다. 파란색은 모든 것을 동화시키는 힘이 있다. 나쁘게 말하자면 몰개성화, 좋게 말하면 협조성을 키우는 색이다. 때문에 제복에는 유행과 관계없이 이 색을 많이 사용하는 것이다.

하늘색이라고 해서 반드시 옅은 색깔만을 생각할 필요는 없다. 감색이라고 불리워지는 짙은 하늘색(파란색)까지도 포함한다고 생각하면 된다. 쉽사리 초조해지면서 단체에 잘 적응하지 못하는 사람, 정신적으로 안정감을 찾지 못하고 생각이 아주 복잡한 사람에게 이 파란색을 권하고 싶다. 하늘색만 봐도 편안해지기 때문이다.

동쪽에 하늘색 그림을 걸거나 오디오, 혹은 시계를 놓아둔다면 매사에 상승 운세를 잡을 수가 있다.

빨간색(赤色)

매일매일 생활에 적극성이 필요하다.

골목안 식육점에 켜놓은 빨간 불빛, 홍등가의 불빛, 저 동쪽 아득한 수평선 위에 불쑥 솟아올라 이글이글 타오르는 붉은 태양이 떠오른다. 아침 해의 색깔, 방위상으로는 동쪽에 해당된다.

동쪽은 속도, 정보, 활기(원기), 유행, 소리, 그리고 발전운과 밀접한 관련이 있다. 동쪽의 지배력을 받는 빨간색 역시 생활에 활기를 주거나 정보에 민감하고, 최첨단 유행을 향유하는 문제에 영향력을 미치고 있다.

동쪽에 빨간색이 포함된 전화기나 시계를 놓아둔다면 행운이 자신의 발전을 앞당기게 될 것이다. 또한 동쪽은 소리나는 것을 의미하므로 빨간색 오디오를 놓는다면 금상첨화이다.

생각지 않은 뜻밖의 반가운 전화를 받게 되고 사회적으로 활기가 넘치는 유능한 사회인이 되어 여기저기에서 초대를 받게 될 것이다.

갈색(褐色)

가을이 점점 짙어져 나뭇잎이 물들다가 어느새 색깔이 변하고 낙엽이 되어 땅에 떨어지게 된다. 이 갈색은 낙엽뿐만 아니라 흙색에도 비유된다.

흙은 만물을 생장시키는 모성적 측면도 있지만 만물을 수확하고 거두어들이는 매장적인 측면도 있다. 낙엽이 떨어져 뒹굴다 섞이면 다시 흙으로 돌아가고 사람 또한 마찬가지이다. 그래서 갈색은 노후의 끝자락, 허무, 고독의 의미도 있지만 또 다른 출발, 재도전, 새로운 삶에 대한 갈망, 놀라운 의지 등을 나타내기도 한다.

부모나 직장으로부터 떨어져 나와서 자신만의 영역을 구축하려는 의지, 그런 사고나 생각을 가지고 있는 사람에게 이 갈색의 에너지는 풍수적 영향력을 강하게 발산하고 있다.

정년이 가까운 샐러리맨이나 노후를 조용하게 보내고 싶은 사람, 독립을 꿈꾸는 사람, 프리랜서로 일하면서 자기 생활에 충실한 사람들에게 갈색은 행운의 색이라고도 할 수 있다. 특히 북동쪽 방위에서 갈색은 그 작용력이 극대화된다.

분홍색(紅桃色)

핑크색을 분홍색 혹은 홍도색이라 부르기도 한다.

분홍은 빨간색과는 또 다른 파워를 가지고 있다. 분홍은 이른 봄에서부터 여름에 걸쳐서 피는 꽃의 색이다. 한마디로 만물이 결실을 맺는 색이다. 이로 인해 남녀의 결실을 나타낸다고 할 수 있다.

흔히 연애편지와 결부시키기도 하는데 그것은 풍수상으로도 근거를 가지고 있다. 분홍색은 홍조 띤 수줍은 새색시를 떠올리게 한다. 굉장히 촌스런 느낌을 주기도 하지만 한편으로는 성적인 매력을 풍기는 색상이라고 할 수 있다.

인연이 없어서 외로운 사람, 노처녀나 노총각들은 분홍색이 들어간 옷을 입는 것이 좋다. 메이크업도 핑크를 중심으로 사용하고 실내 인테리어도 분홍색 계열을 많이 사용하는 것이 좋다.

특히 북쪽과 서쪽 방위가 분홍색을 지배하고 있으므로 자신이 사용하고 있는 방의 북쪽과 서쪽 인테리어에 분홍색이 다각도로 활용하도록 신경을 쓴다.

검정색(黑色)

어둠의 색이다.

때로는 말쑥하고 깨끗한 색이라고 할 수도 있지만 어둡고 우울하다는 것이 공통된 생각일 것이다. 검은색은 자신의 본성을 감추고 사람들 눈에 띄고 싶지 않을 때 애용되는 색깔이다. 그러면서도 사람들이 자신의 신분을 보다 높게 강조하고 싶을 때에도 이 검은색을 이용한다.

아무튼 어둠, 숨김, 비밀을 나타내는 것은 사실이다. 검은색은 그 색깔의 작용력이 부정적이라서 사회적인 발전이나 활기와는 거리가 멀다. 내성적이고 자기 억제력이 강해서 대인 관계도 좋지 않으며 연애에 있어서도 불운하게 끝나고 말 소질이 다분하다.

우연의 일치일지는 몰라도 오랫동안 사귀던 애인과 헤어진 사람, 남편이나 아내와 헤어지고 혼자된 사람, 고독한 사람을 보면 검은색 의상이 좋아졌다거나 검정옷을 즐겨 입는 것을 볼 수 있다.

일반적으로 젊은 여성에게 모노톤의 인테리어는 권할 만한 일이 못 된다. 방이 그늘에 가리워져서 젊은 여성다운 생기나 화려함은 없어지고 성격이 어두운 사람이 되기 때문이다.

흰색(白色)

있는 그대로 자신을 나타낸다.

우리 민족은 일찍부터 백의민족이라고 불렸다. 순백의 색깔은 극단적 순수함을 나타내며 태초의 색, 발아의 색, 있는 그대로의 솔직한 자신을 표현하는 색이다.

이 바탕에 다른 색을 혼합하면 본래의 색(흰색)을 잃게 된다. 그래서 어떤 이는 나약한 색이라 하기도 한다. 그러나 또 다른 각도에서 생각해 보면 흰색은 모든 색을 받아들이기 때문에 희생과 조화를 의미한다.

사회적으로 확고한 의지와 목표를 가지고 자신의 계획을 실천해

가려는 사람에게는 괜찮지만 나약한 이에게는 좋지 않다. 의상을 비롯해서 인테리어, 소지품, 자동차에 있어서도 마찬가지이다.

경쟁사회에서는 순수함이나 희생만으로 성공하기는 매우 어렵다. 이왕이면 활력과 행운을 가져다주는 색깔을 선택하는 것이 필요하다.

회색(灰色)

가능한 사용하지 않는 것이 좋다.

회색은 어두운 색, 흑과 백을 혼합한 색이다. 검은 색은 자신을 감추고 격을 한층 높게 보이고 싶은 색인데, 흰색은 있는 그대로 솔직히 자신을 표현하는 색이다. 회색은 이 양극단적인 색의 혼합에서 나타난 것이기 때문에 좋지도 나쁘지도 않은 어중간한 색이다.

'회색분자' 라는 말이 있는데 검지도 않고 희지도 않은 중간이라는 의미를 간직하고 있다. 자기 주장 없이 어디에든지 맞출 수가 있다.

베이지색

기분을 차분하게 한다

이 베이지색은 갈색에 가까워서 전천후 색깔이라 한다. 어디에도 무난하게 잘 어울리는 색이고 심신을 안정시키는 측면이 있어 많이 활용되기도 한다.

특히 연상의 사람과 만날 때, 자신의 직위를 높게 보이고 싶을 때 효과적이다. 심리적으로 안정감을 주는 색이기 때문에 업무용으로 많이 사용하는 경우가 있다. 방이나 사무실에서도 베이지색은 대체로 길하다.

자주색

길흉의 작용이 강하다.

연꽃 색이다. 연꽃은 부처님 꽃이라는 점에서 종교, 고귀라는 힘을 가진 색이라고 한다. 하지만 이 색을 너무 사용하는 것은 풍수적으로는 어려운 점이 있다. 풍수 인테리어로 활용하려면 상당히 까다로운 조건들을 먼저 충족시켜야 한다는 것이다. 왜냐하면 고귀한 색이니 제대로 모양을 갖추었을 때라야 사용할 수가 있기 때문이다. 모든 것이 갖추어졌을 때 사용하여 가치를 발휘할 수 있다.

길흉의 작용이 지나치게 큰 폭으로 교차되면서 극성 극패의 결과를 초래할 수 있다. 이와 같은 색을 반길 반흉의 색깔이라고 한다.

색상을 이용하여 얻을 수 있는 효과를 표로 알아보자.

색상	효과
빨간색	· 아이디어를 생각해낼 수 있어서 매우 좋은 색깔이다. · 주의 집중을 분산시켜 밖으로 신경을 쏠리게 하기 때문에 소심정이나 우울증 치료에 도움을 준다. · 물체의 무게가 더욱 무겁게 느끼게 한다. · 시간은 실제보다 더 길게 느껴진다.
분홍색	식욕을 돋우는 색, 주방이나 식당에 좋다.
주황색	· 피부에 닿으면 싱그러운 색이다. · 욕실이 가장 어울리는 색이다.

색상	효과
노란색	· 신진대사를 활발하게 해준다. · 명도가 높기 때문에 안전판이나 비옷 등에 사용된다. · 눈에 잘 띄는 색으로 상쾌하고 기분을 좋게 한다.
연두색	· 무해하고 무익한 색깔이다.
청록색	· 앉아서 하는 작업이나 주의를 집중해야 하는 일, 깊이 생각하게 하는 일에 적합하다.
파란색	· 초점이 잘 잡히지 않는 색이지만 어두운 빛과 어울려 안락하고 편안함을 준다. · 시간은 빠르게, 물체는 가볍게 느껴진다.
자주색	· 눈의 초점을 어지럽게 한다. 넓은 공간에는 좋지 않다.
흰색	· 깨끗하고 균형을 이루며 자연스러운 색이다.
검은색	· 부정적인 느낌을 준다.

색상과 띠로 알아보는 행운이 있는 방위

자신의 띠와 잘 어울리는 색상이 있다. 집이나 실내, 방안을 중심 색상으로 쓰면 운이 좋아지는 색이 있다는 말이다. 집뿐만 아니라 상점도 마찬가지이다. 필자는 자신의 띠와 어울리는 노란색 간판으로 바꾼 후에 손님이 많아졌다는 상점을 알고 있다. 고객들이 은연중 간판 색상에 매료되어 발길을 끌게 된 것이다.

잘 어울리는 색상은 남녀를 불문하고 띠의 12간지로 결정이 된다. 수험생이 공부하는 방도 그 자신(방 주인)과 어울리는 색상으로 장식하면 합격이 된다. 행운의 에너지 때문이다. 물론 방 전체의 균형이나 분위기를 전혀 고려하지 않고 일률적으로 통일하는 것은 문제가 없지 않으나 자신의 띠와 어울리는 색상으로 인테리어를 한다면 합격의 길잡이가 될 수 있을 것이다.

가령 공부하는 책상 위 자신과 어울리는 꽃병에 꽃을 장식해 두는 것도 성적을 올리는 기름길이 될 수가 있다.

띠와 어울리는 색상

쥐띠 __ 흰색, 빨간색, 녹색, 회색, 검정색

소띠, 호랑이띠 __ 노란색, 흰색, 빨간색, 황갈색, 체크 무늬

토끼띠 __ 흰색, 빨강색, 자주색, 청색

용띠, 뱀띠 __ 녹색, 빨간색, 오렌지색, 베이지색

말띠 __ 흰색, 빨간색, 베이지색

양띠, 원숭이띠 __ 흰색, 녹색, 노란색, 회색, 검정색

닭띠 __ 흰색, 빨간색, 노란색, 분홍색

개띠, 돼지띠 __ 노란색, 흰색, 베이지색, 줄 무늬

검정색은 일반적으로 사용하지 않는 편이 좋다.

넓은 면적이나 큰 가구에 사용하면 운이 떨어진다고 할 수 있으나 10평 정도의 방에 부분적으로 사용하였을 때는 무난하다.

텔레비전이나 오디오를 들여놓을 때도 색상을 참고하는 것이 좋다.

12띠로 보는 행운이 있는 방위

중앙(호랑이, 소, 개, 양띠)

호랑이띠를 비롯하여 소띠, 개띠, 양띠는 집의 중앙이 행운의 방위이다. 이 띠들의 모든 행운과 불행은 한마디로 집 중앙에 있다. 만약 중앙에 화장실, 주방, 욕실 등 물이 흘러가는 수구(水口)가 있다

면 좋은 운이라고 하는 호운이 쇠퇴할 것임에 분명하다.

행운의 기는 집의 현관에서 중앙으로 흐른 후 안방으로 전진하게 된다. 이 기가 다시 중앙에 모여 집중하였다가 다시 각 방위로 흩어지게 된다. 이 때문에 중앙에 하수(下水)를 발생하게 하는 공간을 배치한다면 흉상이다.

동쪽(호랑이, 토끼, 양띠)

호랑이, 토끼, 양띠들은 동쪽이 행운의 방위라고 할 수 있다. 동쪽의 아침 일찍 솟아오르는 해는 희망이요, 활약이며 발전의 원천이기 때문이다. 그것만이 아니라 동쪽은 정신 에너지의 방향이다.

만약 이 동쪽에 창문이 있어서 붉게 타오르는 아침 햇살이 들어온다면 무한한 발전과 행운을 안겨준다고 할 수 있다. 그와 반대로 창문이 없고 어둡다면 운파(運波)는 약할 것이다.

하지만 닫혀 있고 막혀 있다 하더라도 햇살을 대신할 수가 있는 아침해 그림이나 붉은 사과 그림, 혹은 소년 소녀의 노는 모습을 담은 달력이나 그림을 걸어둔다면 불운은 상쇄되고 아침과 같은 행운을 안겨준다.

서쪽(닭, 원숭이띠)

서쪽은 오락의 방위이다. 즐기기를 좋아한다는 뜻이다. 따라서 여기에 머무는 거주자에게 심미안(審美眼)을 가지게 한다고 한다. 동쪽만 햇살이 드는 것이 아니라 서쪽도 기우는 해가 있는데 이 해가 따갑다. 그러니 이 석양볕이 지나치게 많이 들어오는 곳에 거처하거나 이 방에서 공부하게 되면 자꾸 밖으로 나가 놀 생각을 하게 된다.

설사 책상머리에 앉아 있다고 하더라도 음악을 듣거나 텔레비전을 보거나 기타를 치는 등 공부에 열중하지 않는다. 또한 사치와 유행에 민감하여 남이 하고 있는 것을 보면 다 가지고 싶고 사고 싶어하여 돈을 낭비하게 된다. 그 때문에 어떻게 하면 부모님께 돈을 긁어낼까 궁리만 하게 된다.

남쪽(뱀띠, 범띠)

뱀띠와 범띠는 남쪽에 행운이 있다. 뱀과 호랑이는 수풀과 산림이 울창해야만 먹을 것이 있고 활동할 수가 있다. 그러므로 푸른 초원이 있고 울창한 숲이 있는 곳에 행운이 있다.

아름다움, 독특한 영감, 사교적인 힘, 교육, 폭력, 재판 등의 방면에 강하게 작용을 한다. 그러므로 창문이 남쪽으로 나 있어서 전망이 좋다면 금상첨화라 할 수 있다. 특히 통풍이 잘 되어 남쪽 바람이 방안으로 들어온다면 더욱 좋다.

만일 남쪽에 창문이 없고 벽으로 가로막혀 있다면 창문 대신에 여름 풍경이나 바다 그림, 초원 그림 같은 것을 걸어두면 기운을 보충시킬 수가 있다.

북쪽(쥐띠, 소띠)

쥐띠와 소띠는 북쪽에 행운이 있다. 북쪽은 어두운 곳인데 행운은 어두운 곳에서 자란다. 사람과 사람과의 신뢰, 부지런함, 저축성 등을 주관한다. 여기서 저축이란 성장을 의미하는 잠재성 의식이 크다. 그러므로 금전 관리를 적절하게 묻어두고 성장시키려면 이 북쪽이 적당하다.

집안의 각종 귀중 문서, 인감, 보험 증서, 토지 문서와 같은 서류들을 여기에 보관하면 좋다. 이 북쪽 벽면에는 호수나 바다와 같은 넓고 큰 그림을 장식하거나 큰 달력을 걸어두면 금상첨화이다.

북동쪽(범띠, 소띠)

범띠와 소띠는 북동쪽이 행운의 방위라고 할 수 있다. 주로 변화로 인해 성공을 이루게 한다. 즉 전직(轉職)하여 성공을 거두거나 전세가 역전되는 작용을 하는 방위임으로 어려움에 처해 있다면 변화를 도모해 보는 것이 유익하다.

북동쪽에 창문이 있다면 지나치게 활짝 열어젖히거나 자주 문을 여는 것은 삼가는 것이 좋다. 방안의 생기를 소실시킬 우려가 있기 때문이다. 창문은 기운이 들어오기도 하지만 나가기도 한다는 사실을 언제나 염두에 둘 필요가 있다.

특히 이 방위는 귀문(鬼門)이 있는 방위이므로 항상 조심하지 않으면 안 된다. 특히 쓰레기통을 놓거나 화장실이 이 쪽(북동)에 있다면 대단히 해로울 수가 있다.

남동쪽(용띠, 뱀띠)

이 용띠와 뱀띠는 남동쪽이 행운의 방위이다. 특히 남동풍 기운은 얄싸하면서도 훈풍이다. 이는 봄바람과 같은 의미를 갖는다. 그래서 이 방위는 연애운이나 결혼을 성사할 수 있는 방위이다. 주로 혼기를 앞둔 자녀들이 이 방위의 방을 사용하면 쉽게 좋은 인연을 만날 수가 있다.

이 방위에 창문이 있다면 이 창을 통해서 동남풍이 들어올 것이다. 동남풍이란 한마디로 화풍(和風)이다. 화풍이란 대인관계를 원활히 하는 기운이다. 원만한 대인관계가 천생배필도 얻을 수 있게 한다.

남서쪽(양띠, 원숭이띠)

양띠와 원숭이띠는 남서쪽이 주로 행운이 들어오는 방위이다. 매사 끈기나 의지력 혹은 추진성이 없고 나약한 사람에게는 이 방위가 좋다. 직장에 들어갔으나 오래 견디지를 못하고 전직하려고 하거나 적성에 맞지 않다고 권태를 느끼는 사람에게 강인한 힘을 준다.

이 방위에 주로 노란 꽃을 장식하거나 꽃병이 꽂아두면 활력을 다시 찾게 되고 의지가 강해진다. 관엽식물 화분도 좋고 가을에는 노란 국화 화분도 좋다.

북서쪽(개띠, 돼지띠)

개띠와 돼지띠는 북서 방위에 행운이 있다. 성공의 관건을 쥐고 있는 곳이 이 북서 방향이라고 할 수 있다. 만약 직장 상사에게 주목을 받지 못한다거나 적성이 맞지 않아 권태를 느낀다면 북서쪽을 한 번 살펴볼 필요가 있다.

이 북서쪽에 낡은 옷가지나 폐품, 쓰레기 같은 것을 무의식적으로 두고 있지 않나 살펴보라. 이 낡고 허름한 폐품이나 쓰레기를 쌓아두는 것은 권태로움이나 의욕을 잃게 한다. 그러므로 이런 것은 즉시 옮기도록 하는 것이 좋다.

행운을 얻기 위해서는 옷장이나 침대 위치를 바꾸고 북서쪽을 깨끗하게 정리해 나가다 보면 저절로 행운이 따르기 마련인데 입신양명도 이룰 수가 있다.

가상(家相)과 인테리어의 의미

감(坎, 북방위)

사람과의 신뢰, 침착, 사색, 비밀을 지킨다.

애정운, 금운, 수(水)의 방위이다.

간(艮, 북동방위)

부동산운, 저축운, 전직(轉職)운, 변화운, 상속운, 토(土)의 방위이

다.

진(震, 동방위)

발전운, 일운, 젊음, 유행, 정보, 목(木)의 방위이다.

손(巽, 동남방위)

결혼운, 애정운, 여행운, 인간관계의 전반, 신뢰, 목(木)의 방위(바

람을 관리한다)이다.

이(離, 남방위)

직감력, 예리한 사고, 인기운, 예술, 사교운, 화(火)의 방위이다.

곤(坤, 남서 방위)

가정운, 안정운, 부동산운, 노력, 아동의 운, 토(土)의 방위이다.

태(兌, 서방위)

금운, 애정운, 상속운, 즐거운 일, 금(金)의 방위이다.

건(乾, 북서방위)

사업운, 일운, 재운(財運), 주인(主人)의 운, 금(金)의 방위이다.

2. 본명성과 길흉

본명성이란 무엇인가

　풍수에서 가장 중요한 것은 고정적 에너지(energe)와 이동성 에너지가 있다는 사실부터 명심할 필요가 있다. 고정성 에너지란 8방(중앙 1방을 더 합하면 9방이 된다) 에너지와 내가 태어날 때부터 가지고 나온다는 명괘(命卦)가 있는데 이것은 이동을 하게 된다. 즉 12간지이다.

　12간지는 띠가 12(자, 축, 인, 묘, 진, 사, 오, 미, 신, 유, 술, 해)로서 원궁(元宮)이라 할 9방을 차례로 방문, 순환하는 것이다. 그것은 본인의 졸저 『현대양택풍수』에서 설명한 바 있다.

　크게 두 방위라 한 것은 복희(伏羲) 8괘와 문왕(文王) 8괘를 두고 한 말한다. 이 복희 8괘를 아버지격이라 한다면 문왕 8괘는 어머니격이라고 설명한 바가 있다. 이렇게 아버지 8괘가 어머니 8괘를 차례로 방문하게 되는데 이것이 호환이 되어 더한층 좋은 기, 즉 에너지가 된다는 것이다.

　다시 한 번 설명하면 고정성 에너지는 문왕 팔괘이고 이동성 8괘는 복희 8괘인 것이다. 자연에는 4계가 있는 것처럼 이 4계는 1년을 두고 순환하는 것을 계절이라 하는 이름처럼 시절에 따라 바뀌어 진다. 그렇다면 12띠(12간지)도 복희 8괘가 문왕 8괘를 돌아가며 방문하게 된다. 이것을 달리 설명할 수는 없고 단지 자연의 섭리라고 할 수밖에 없다. 이렇게 방문을 하게 되는 것을 9성이라 하기도 하고 때로는 본명성인이라고도 한다.

이 9성은 원래는 8방인데 중앙 1방을 더 넣어서 9성이라고 호칭하게 된 것이다. 본명성의 이동 사항은 마치 시간을 기준으로 정하고 나면 공간이 이를 선택하는 것과 비슷하다고 할 수 있다.

이렇게 옮겨 다니는 것을 아래 그림을 보면 이해하기 쉬울 것이다.

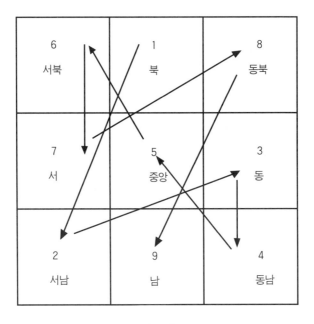

9성 순환도1

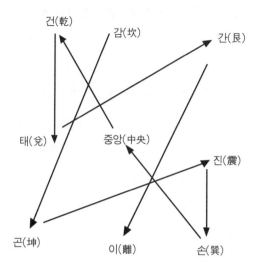

9성 순환도2

　다시 한 번 설명을 하면 원궁은 그대로 둔 채 1-2-3-4-5-6-7-8-9로 방문하듯이 이렇게 찾는다는 것이다. 이러한 방문으로 인하여 문왕 8괘는 한층 더 힘을 입어 그 힘이 사람 방위에 따라 기로 미친다는 것이다.

　다시 설명하면 천간(天干)과 지지(地支)가 함께 어울린 사항을 9성이라고 한다. 이러한 과정은 우리는 열두 띠를 가지고 갑자로부터 시작하여 계해까지 60개의 간지가 결합으로 날마다, 달마다 해마다 상원, 중원, 하원에 따라 순환하는 이치와 같다. 이런 것을 삼원육갑(三元六甲)이라고 하는 것 같이 우리는 이를 두고 본명성이라고 하기도 한다.

　그러므로 운명을 좋게 하려면 본명성을 알고 짚고 넘어가는 것이 옳은 일이다. 그래서 아들딸의 공부 성적을 올리기 위하여는 이 방위학과 기운의 이동 사항을 반드시 알아두어야만 한다고 말할 수가 있겠다.

역술가에게 이사(移徙)운과 방위를 묻노라면 손가락 끝으로 육갑을 외면서 어느 쪽이 좋은지 찾는 것은 바로 이 본명성 때문이다. 그러니 아이들의 성적을 올리는 것도 방위와 출생년월일에 따라 기가 어느 쪽에 있는가에 따라 달라질 수가 있게 되는 것이다. 물론 대학이 어느 쪽(방향)에 있는가에 따라 승패 여부도 알게 된다고 할 수 있다. 즉 9성이 어느 쪽에 있는가에 따라 운의 기가 더 강한가 어떤가를 알 수 있기 때문이다.

이렇게 방위로 길흉을 보는 방법은 여러 가지 있다고 할 수 있겠으나 언급한 이 9성법이 가장 보편적으로 많이 쓰이고 있다.

타고난 숙명을 찾아라

원래 풍수는 자신에게 맞는 활동 기를 찾는 학문이라고 할 수 있다. 가령 남쪽의 섬으로 여행을 갔을 때 기분이 좋고 원기가 왕성해지는 사람이 있는가 하면 북극으로 갔더니 기가 가라앉아 침울해지는 사람도 있다.

이것은 방위의 길흉이 사람에 따라 다르게 나타나기 때문이다. 그러므로 자기 몸과 어울리는 기가 다르기 때문에 생기는 현상이라고 할 수 있다. 나는 이것을 잠재적 적성이라고 말한다. 그 사람의 타고난 경향 때문이라고 할 수가 있기 때문이다.

이것은 본래 자신의 생년월일을 참고하여 상세하게 판단해야 하지만 일반적으로 자신이 태어난 해(띠)만 확실하다면 그의 기운을 대략 알 수도 있다. 이것을 풍수가 보는 본명괘라고 하는데 사람을 8개 타입으로 나눈다.

여러 가지 방법이 있지만 다른 역학적 점술과 다른 점은 남자와 여자, 즉 나이가 같고 띠가 같다 하더라도 본명괘가 다르다는 사실이다. 그뿐만 아니라 음양도 다르다. 아래의 표를 자세히 살펴보면 어떻게 다른지 알 수 있을 것이다.

표에서 오행인 목, 화, 토, 금, 수의 문자는 당신의 성격이 5행에서 어떤 타입인지 대략 짐작하게 된다.

이상의 본명괘에 의하여 방위의 길흉이 다르게 나타나는데 물론 자신의 본명괘를 사전에 알아보는 것이 좋다.

본명괘를 찾는 계산법

본명성이라 할 명괘를 계산하고 알아내기 위해서는 그 기준이 있다. 즉 풍수학에서 이 명괘의 계산은 출생년도를 기준으로 한다. 같은 해에 태어난 사람은 명괘가 같다. 그러나 남녀의 공식이 다르다. 이 점을 명심해야 한다.

남자의 공식 (100-출생년도)/9……나머지 숫자

예를 들면 1962년(壬寅年)생인 남자

(100-62) / 9 : 남는 숫자는 2

2는 곤(坤), 즉 명괘표를 보면 곤명(坤命)이다.

여자의 공식 (출생년도-4)/9……나머지 숫자

예를 들면 1962년(壬寅年)생의 여자

(62-4) / 9 : 남는 숫자는 4

4는 손(巽), 즉 명괘표를 보면 손명(巽命)이다.

기본수에 해당하는 본명괘

1은 감명(坎命)

2는 곤명(坤命)

3은 진명(震命)

4는 손명(巽命)

5는 곤명(坤命) 남자, 간명(艮命) 여자

6은 건명(乾命)

7은 태명(兌命)

8은 간명(艮命)

9는 이명(離命)

남녀 모두 1이 되면 북쪽은 감(坎)이 된다.

남녀 모두 2가 되면 남서쪽 곤(坤)이 된다.

남녀 모두 3이 되면 동쪽 진(震)이 된다.

남녀 모두 4가 되면 남동쪽 손(巽)이 된다.

 남녀 모두 6이 되면 북서쪽 건(乾)이 된다.

남녀 모두 7이 되면 서쪽 태(兌)가 된다.

남녀 모두 8이 되면 북동쪽 간(艮)이 된다.

남녀 모두 9가 되면 남쪽 이(離)가 된다.

출생년도	남명(男命)	4명	여명(女命)	4명	출생년도	남명(男命)	4명	여명(女命)	4명
1901 신축(辛丑)	이화(離火)	⊙	건금(乾金)	◈	1927 정묘(丁卯)	감수(坎水)	⊙	간토(艮土)	◈
1902 임인(壬寅)	간토(艮土)	◈	태금(兌金)	◈	1928 무진(戊辰)	이화(離火)	⊙	건금(乾金)	◈
1903 계묘(癸卯)	태금(兌金)	◈	간토(艮土)	◈	1929 기사(己巳)	간토(艮土)	◈	태금(兌金)	◈
1904 갑진(甲辰)	건금(乾金)	◈	이화(離火)	⊙	1930 경오(庚午)	태금(兌金)	◈	간토(艮土)	◈
1905 을사(乙巳)	곤토(坤土)	◈	감수(坎水)	⊙	1931 신미(辛未)	건금(乾金)	◈	이화(離火)	⊙
1906 병오(丙午)	손목(巽木)	⊙	곤토(坤土)	◈	1932 임신(壬申)	곤토(坤土)	◈	감수(坎水)	⊙
1907 정미(丁未)	진목(震木)	⊙	진목(震木)	⊙	1933 계유(癸酉)	손목(巽木)	⊙	곤토(坤土)	◈
1908 무신(戊申)	곤토(坤土)	◈	손목(巽木)	⊙	1934 갑술(甲戌)	진목(震木)	⊙	진목(震木)	⊙
1909 기유(己酉)	감수(坎水)	⊙	간토(艮土)	◈	1935 을해(乙亥)	곤토(坤土)	◈	손목(巽木)	⊙
1910 경술(庚戌)	이화(離火)	⊙	건금(乾金)	◈	1936 병자(丙子)	감수(坎水)	⊙	간토(艮土)	◈
1911 신해(辛亥)	간토(艮土)	◈	태금(兌金)	◈	1937 정축(丁丑)	이화(離火)	⊙	건금(乾金)	◈
1912 임자(壬子)	태금(兌金)	◈	간토(艮土)	◈	1938 무인(戊寅)	간토(艮土)	◈	태금(兌金)	◈
1913 계축(癸丑)	건금(乾金)	◈	이화(離火)	⊙	1939 기묘(己卯)	태금(兌金)	◈	간토(艮土)	◈
1914 갑인(甲寅)	곤토(坤土)	◈	감수(坎水)	⊙	1940 경진(庚辰)	건금(乾金)	◈	이화(離火)	⊙
1915 을묘(乙卯)	손목(巽木)	⊙	곤토(坤土)	◈	1941 신사(辛巳)	곤토(坤土)	◈	감수(坎水)	⊙
1916 병진(丙辰)	진목(震木)	⊙	진목(震木)	⊙	1942 임오(壬午)	손목(巽木)	⊙	곤토(坤土)	◈
1917 정사(丁巳)	곤토(坤土)	◈	손목(巽木)	⊙	1943 계미(癸未)	진목(震木)	⊙	진목(震木)	⊙
1918 무오(戊午)	감수(坎水)	⊙	간토(艮土)	◈	1944 갑신(甲申)	곤토(坤土)	◈	손목(巽木)	⊙
1919 기미(己未)	이화(離火)	⊙	건금(乾金)	◈	1945 을유(乙酉)	감수(坎水)	⊙	간토(艮土)	◈
1920 경신(庚申)	간토(艮土)	◈	태금(兌金)	◈	1946 병술(丙戌)	이화(離火)	⊙	건금(乾金)	◈
1921 신유(辛酉)	태금(兌金)	◈	간토(艮土)	◈	1947 정해(丁亥)	간토(艮土)	◈	태금(兌金)	◈
1922 임술(壬戌)	건금(乾金)	◈	이화(離火)	⊙	1948 무자(戊子)	태금(兌金)	◈	간토(艮土)	◈
1923 계해(癸亥)	곤토(坤土)	◈	감수(坎水)	⊙	1949 기축(己丑)	건금(乾金)	◈	이화(離火)	⊙
1924 갑자(甲子)	손목(巽木)	⊙	곤토(坤土)	◈	1950 경인(庚寅)	곤토(坤土)	◈	감수(坎水)	⊙
1925 을축(乙丑)	진목(震木)	⊙	진목(震木)	⊙	1951 신묘(辛卯)	손목(巽木)	⊙	곤토(坤土)	◈
1926 병인(丙寅)	곤토(坤土)	◈	손목(巽木)	⊙	1952 임진(壬辰)	진목(震木)	⊙	진목(震木)	⊙

출생년도	남명(男命)	4명	여명(女命)	4명
1953 계사(癸巳)	곤토(坤土)	◈	손목(巽木)	◉
1954 갑오(甲午)	감수(坎水)	◉	간토(艮土)	◈
1955 을미(乙未)	이화(離火)	◉	건금(乾金)	◈
1956 병신(丙申)	간토(艮土)	◈	태금(兌金)	◈
1957 정유(丁酉)	태금(兌金)	◈	간토(艮土)	◈
1958 무술(戊戌)	건금(乾金)	◈	이화(離火)	◉
1959 기해(己亥)	곤토(坤土)	◈	감수(坎水)	◉
1960 경자(庚子)	손목(巽木)	◉	곤토(坤土)	◈
1961 신축(辛丑)	진목(震木)	◉	진목(震木)	◉
1962 임인(壬寅)	곤토(坤土)	◈	손목(巽木)	◉
1963 계묘(癸卯)	감수(坎水)	◉	간토(艮土)	◈
1964 갑진(甲辰)	이화(離火)	◉	건금(乾金)	◈
1965 을사(乙巳)	간토(艮土)	◈	태금(兌金)	◈
1966 병오(丙午)	태금(兌金)	◈	간토(艮土)	◈
1967 정미(丁未)	건금(乾金)	◈	이화(離火)	◉
1968 무신(戊申)	곤토(坤土)	◈	감수(坎水)	◉
1969 기유(己酉)	손목(巽木)	◉	곤토(坤土)	◈
1970 경술(庚戌)	진목(震木)	◉	진목(震木)	◉
1971 신해(辛亥)	곤토(坤土)	◈	손목(巽木)	◉
1972 임자(壬子)	감수(坎水)	◉	간토(艮土)	◈
1973 계축(癸丑)	이화(離火)	◉	건금(乾金)	◈
1974 갑인(甲寅)	간토(艮土)	◈	태금(兌金)	◈
1975 을묘(乙卯)	태금(兌金)	◈	간토(艮土)	◈
1976 병진(丙辰)	건금(乾金)	◈	이화(離火)	◉
1977 정사(丁巳)	곤토(坤土)	◈	감수(坎水)	◉
1978 무오(戊午)	손목(巽木)	◉	곤토(坤土)	◈

출생년도	남명(男命)	4명	여명(女命)	4명
1979 기미(己未)	진목(震木)	◉	진목(震木)	◉
1980 경신(庚申)	곤토(坤土)	◈	손목(巽木)	◉
1981 신유(辛酉)	감수(坎水)	◉	간토(艮土)	◈
1982 임술(壬戌)	이화(離火)	◉	건금(乾金)	◈
1983 계해(癸亥)	간토(艮土)	◈	태금(兌金)	◈
1984 갑자(甲子)	태금(兌金)	◈	간토(艮土)	◈
1985 을축(乙丑)	건금(乾金)	◈	이화(離火)	◉
1986 병인(丙寅)	곤토(坤土)	◈	감수(坎水)	◉
1987 정묘(丁卯)	손목(巽木)	◉	곤토(坤土)	◈
1988 무진(戊辰)	진목(震木)	◉	진목(震木)	◉
1989 기사(己巳)	곤토(坤土)	◈	손목(巽木)	◉
1990 경오(庚午)	감수(坎水)	◉	간토(艮土)	◈
1991 신미(辛未)	이화(離火)	◉	건금(乾金)	◈
1992 임신(壬申)	간토(艮土)	◈	태금(兌金)	◈
1993 계유(癸酉)	태금(兌金)	◈	간토(艮土)	◈
1994 갑술(甲戌)	건금(乾金)	◈	이화(離火)	◉
1995 을해(乙亥)	곤토(坤土)	◈	감수(坎水)	◉
1996 병자(丙子)	손목(巽木)	◉	곤토(坤土)	◈
1997 정축(丁丑)	진목(震木)	◉	진목(震木)	◉
1998 무인(戊寅)	곤토(坤土)	◈	손목(巽木)	◉
1999 기묘(己卯)	감수(坎水)	◉	간토(艮土)	◈
2000 경진(庚辰)	이화(離火)	◉	건금(乾金)	◈
2001 신사(辛巳)	간토(艮土)	◈	태금(兌金)	◈
2002 임오(壬午)	태금(兌金)	◈	간토(艮土)	◈
2003 계미(癸未)	건금(乾金)	◈	이화(離火)	◉
2004 갑신(甲申)	곤토(坤土)	◈	감수(坎水)	◉

출생년도	남명(男命)	4명	여명(女命)	4명	출생년도	남명(男命)	4명	여명(女命)	4명
2005 을유(乙酉)	손목(巽木)	◉	곤토(坤土)	◈	2013 계사(癸巳)	곤토(坤土)	◈	감수(坎水)	◉
2006 병술(丙戌)	진목(震木)	◉	진목(震木)	◉	2014 갑오(甲午)	손목(巽木)	◉	곤토(坤土)	◈
2007 정해(丁亥)	곤토(坤土)	◈	손목(巽木)	◉	2015 을미(乙未)	진목(震木)	◉	진목(震木)	◉
2008 무자(戊子)	감수(坎水)	◉	간토(艮土)	◈	2016 병신(丙申)	곤토(坤土)	◈	손목(巽木)	◉
2009 기축(己丑)	이화(離火)	◉	건금(乾金)	◈	2017 정유(丁酉)	감수(坎水)	◉	간토(艮土)	◈
2010 경인(庚寅)	간토(艮土)	◈	태금(兌金)	◈	2018 무술(戊戌)	이화(離火)	◉	건금(乾金)	◈
2011 신묘(辛卯)	태금(兌金)	◈	간토(艮土)	◈	2019 기해(己亥)	간토(艮土)	◈	태금(兌金)	◈
2012 임진(壬辰)	건금(乾金)	◈	이화(離火)	◉	2020 경자(庚子)	태금(兌金)	◈	간토(艮土)	◈

나만의 럭키(Lucky) 방위

사람은 태어날 때부터 자신만의 독특한 성질을 가지고 있다. 쌍둥이로 태어난다 해도 성질이 똑같은 경우는 없을 것이다.

풍수상에서도 사람과 맞는 방위가 있다. 즉 사람과 방위의 상생 관계가 대단히 중요시된다. 여기서 사람과 맞는 방위란 본명괘에 의한 길(좋은 방위) 방위를 의미한다. 다음에 나오는 본명괘인 별의 길흉 방위반은 아래의 표를 보면 쉽게 찾을 수 있다. 또 당신의 본명괘가 속하는 8각형 그림을 찾아보면 자신의 길흉을 자세하게 알 수 있다. 이것이 당신의 길흉 방위이자 조견반(早見盤)이다.

이것을 통하여 어느 방위를 피해야만 하는지 알 수 있는데 나쁘다고 미리 낙담할 필요없다. 나쁘면 나쁜대로 좋으면 좋은 대로 처방할 수 있는 것이 바로 풍수의 매력이기 때문이다.

럭키 방위라고 하는 방위에도 4단계가 있고 나쁘다는 방위에도 4단계가 있다. 각각의 방위에 따라 깊은 의미가 담겨 있다는 것이다. 예를 들어보면 집의 동쪽에 위치한 우체국이나 우편함에 편지를 넣으면 반드시 답장이 있다거나 방의 북쪽에 있는 소파에서 낮잠을 자면 반드시 나쁜 꿈을 꾸게 되는 등 자신의 하루하루 일상 속에서 이루어지는 행동에도 특정한 방위의 영향을 받는다는 것이다.

각각의 방위에 따라 여덟 개의 이름으로 붙여지게 된다. 그 의미를 깨닫고 이 조견표에서 나의 운수가 어디에 해당되는지 찾아볼 필요가 있다.

4개 행운의 의미

생기(生氣, 최대 길)__ 기가 솟아나는 방위, 심신은 물론 원기가 활발해져서 계속 유지된다.

천의(天醫, 대길)__최대 길운과 비슷하다. 몸과 마음 모두 편안하다.

연년(延年, 중길)__ 협조성이 공급되는 방위로 인내력도 붙는다.

복위(伏位, 소길)__ 책임감이 높아지는 방위로 가족과 모두 함께이다.

4개 불운의 의미

절명(絶命, 최대 흉)__혼란을 초래하는 방위로 압력이나 스트레스 때문에 불화가 자주 일어난다.

오귀(五鬼, 대흉)__폭력적으로 변하는 방위, 안절부절못하고 노력을 해도 소용없이 골절을 당하고 손해를 입는다.

육살(六殺, 중흉)__파괴적으로 되는 방위, 판단력이 없어지면서 무엇이든 실패하기 일쑤이다.

화해(禍害, 소흉)__우울하게 되기 쉬운 방위, 마음속에 삭이느라 고민에 쌓이고 원기가 없어진다.

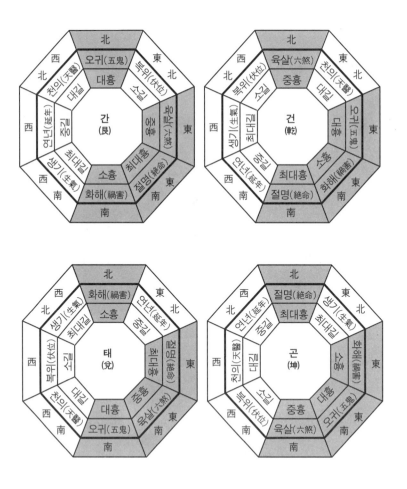

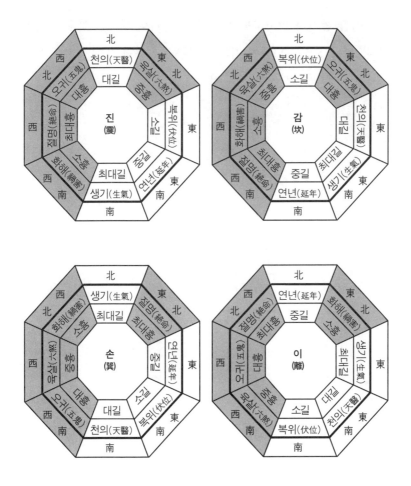

　아이마다 그 성품이나 성질 또는 성격이 다르듯 길운(럭키)이라는 행운의 기 방위도 다르기 마련이다. 풍수에 있어서는 방위의 상성(相性)을 가장 중요시해야 하는 것이 특징이다. 그러므로 아이의 본명괘에 의해 길방위를 향하거나 그 쪽으로 가도록 해야만 좋은 운을 만날 수가 있다.

책상을 놓거나 이사하는 것 등은 본명괘로 길흉을 찾도록 해야한다. 방위가 좋고 나쁨에 따라 자리를 옮겨주면 평소 실력보다 한층 좋은 성과를 얻을 수 있을 것이다.

용맥(龍脈) 기

　용맥이라고 하면 얼른 알아듣지 못할 사람이 있을 것이다. 음택에서 가장 중요시하는 것이 바로 용맥이다. 즉 산세가 흘러내려와 맺히는 용혈(龍穴)을 명당이라고 한다면 양택에서는 집이나 방에서 기운이 뭉쳐 머무는 것을 용혈이라 한다.

　용혈을 만들기 전에 흘러들어 오는 파워의 길을 용맥이라고 한다. 기류(氣流)라고 해도 좋다. 이러한 기류는 집이나 방에도 있다.

　이것을 일본의 어떤 풍수사는 럭키 존(lucky zone)이라 부르고 있다. 용맥은 개인 집의 경우 대문을 통해서 집안으로 들어와서 현관을 거치고 거실을 지나 각 방으로 들어간다. 이것을 행운의 도로라고 할 수 있다. 이러한 기의 도로 선상에 있으면 수험생은 그 기를 받아 행운의 힘을 발휘할 수가 있다.

　여기서 용맥이라고 한 기는 과연 어떤 것일까. 다시 한번 알게 쉽게 설명하면 대지를 순환하고 있어서 산을 만들어 내어 그 색과 형상을 만들어내고 강과 지류를 대동하며 나무나 곡식에 양분을 공급하는 것이다. 이뿐만 아니라 우리를 움직이게 하는 에너지이다. 즉 자연의 이 기는 인간의 기를 형성해 주는 것이다. 이러한 기에는 기공 체조의 기, 명상의 기, 영적인 기, 의료와 예술에서 다루어지는 기 등이 있다.

물론 용맥에서 오는 기도 있으나 자아에서 발생되는 기도 있다. 이 기는 나이를 더해 감에 따라 점차 쇠퇴 일로에 임하게 되지만 재생을 반복하고 있으므로 강하든 약하든 자아를 지탱시켜 주고 있다.

모든 인간의 기는 숨결이라고 할 수 있다. 숨결이 끊어지면 사람은 기가 다했다고 보기 때문이다. 내 몸의 기가 뇌를 자극해 주기 때문이다. 기가 혈을 움직이기 때문이다.

우리가 컴퓨터 자판을 두드릴 수 있는 것은 손에 기가 흐르기 때문이다. 이와 같은 것을 기라고 하는데 에너지라고 해도 좋고 기운이라 해도 좋다. 아무튼 실재로는 보이지 않는 이 힘이 자연을 움직이고 사람을 움직이며 뇌를 움직인다고 생각하면 용맥도 반드시 있다.

이처럼 방안의 용맥선상에서 공부할 수 있다면 머리속에 쏙쏙 들어갈 것이다. 하지만 이러한 기에는 좋은 기와 나쁜 기의 양면이 있다. 자신이 본명성에서 타고난 기와 자연의 용맥(좋은 기)와 어울린다면 한층 활발하고 기운이 강해질 수 있을 것이다.

9성(본명성)의 위치

아래 그림을 참고하기 바란다. 그림을 보면 9개의 기가 표시되어 있다. 이것을 9성이라 부르는데 정사방위라고 하는 4개의 방위, 즉 동방은 삼벽목기(三碧木氣)라 하고 서방위는 칠적금기(七赤金氣), 남방위는 구자화기(九紫火氣), 북방위는 일백수기(一白水氣)라고 하는 사정(四正) 방위와 북동은 팔백토기(八白土氣)와 동남 방위는 사록목기(四綠木氣), 남서 방위는 이흑토기(二黑土氣), 북서 방위는 육백금기(六白金氣) 이 여덟 방향의 기와 또 하나의 중앙 황토기(黃土氣)를 합한 9개를 9성, 혹은 9기라 하고 정반 정위라고 하기도 한다.

만약 이 방위를 사용할 경우에는 지금 당신이 살고 있는 자리에서 보아 예를 들어 길방(좋은 방위)라고 한다면 그림에서 북쪽을 확인해서 그곳에 앉아 있는 별을 가지고 있는 기의 요소가 곧 희망적인 길이 틀림없다면 이것은 좋은 길 방위라 할 수 있겠다.

여기서 북쪽(방위 : 一白水氣)라고 함은 나경이 가르치고 있는 자북이다. 방위학에서 북이라는 자북은 자연계의 북쪽으로 진북과는

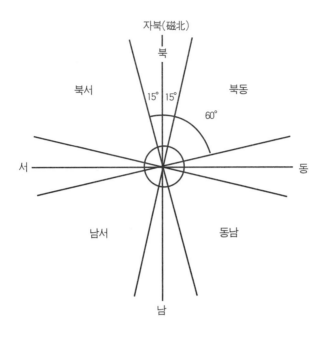

신비의 우주 리듬 방위학

다르다. 그러므로 방위를 틀리게 정하면 길방과 향방이 달라지거나
바뀌는 일이 생기므로 세심하게 관찰할 필요가 있다.

　8각으로 이루어진 이 그림을 정반(正盤)이라고 하는데 한복판인
중앙에 들어가는 별은 해마다 그 자리를 옮겨 앉게 된다. 그러므로
10년 만에 다시 그 출발점으로 되돌아오게 된다. 그래서 9성의 위치
는 매년마다 절분(節分, 계절)에 따라 경계가 바뀌게 되는 것이다. 이
것은 맨처음 풍수학이 시작된 곳, 구력(舊歷)을 사용하는 곳이 중국
이었으므로 이렇게 계산법이 되었다고 할 수가 있다.

　그러므로 이 9성 자라(위치)를 볼 때 중요시해야만 하는 것은 이

절분을 경계로 하여 새로운 해가 시작되기 때문이다. 이것을 꼭 명심해 둘 필요가 있다.

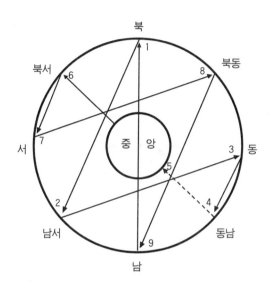

둔행도

9성이라는 이 9개의 별을 통해 운명을 판단하게 되는데 이를 9궁이라 하기도 한다. 이 아홉 개의 구성 이름을 살펴보면,

일백수성(一白水星)

이흑토성(二黑土星)

삼벽목성(三碧木星)

사록목성(四綠木星)

오황토성(五黃土星)

육백금성(六白金星)

칠적금성(七赤金星)

팔백토성(八白土星)

구자화성(九紫火星)

이라는 별자리 이름이다.

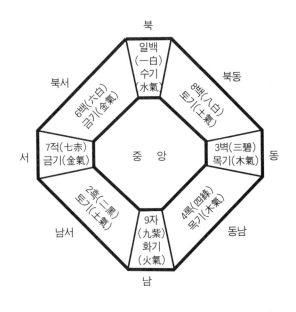

정반(정위)

이 별(星)마다 주인이 되는 해(年)가 있다. 성, 즉 별이 한자리에 있지 않고 해마다 이동함으로써 생기는 운세의 변화에 따라 방위의 길흉을 점치게 된다. 운세 전반에 영향을 주게 된다. 그리고 사업이나 공부, 결혼, 그리고 인간관계를 판단하는, 즉 자기가 가진 운세의 길흉은 물론 이사하는 방향과 여행하는 방향 등 모든 일에 대하여 좋은 날과 나쁜 날을 가려내는 것이 9성이라는 별이다.

이 9성에 자기가 태어난 해에 따른 방위의 명칭은 바로 본명성이다. 이 9성은 우주의 자연 섭리와 같이 춘하추동이라는 사계절이 항상 돌고 돌듯이 시공을 8괘에 의한 여덟 방위로 기운이 이동을 하게 되는데 그 원리를 굳이 설명한다면 자력 힘에서 생겨난다고 본다. 이 방위술의 기본이라 함은 시간을 기준으로 정하면 공간이 선택하는 것으로서 방향, 즉 공간이 정해져 있다고 하면 시기를 선택한다는 식으로 이 시공을 서로 호환으로 활용하는 방법이다.

신라의 명장 김유신 장군의 이야기 중에는 연(鳶)에 대한 것이 있다. 비담이라는 승려가 궁을 호위하는 병사들을 선동하여 궁중에서 모반을 일으켰다. 하늘의 큰 별(流星) 하나가 떨어지는 것을 보고 선덕여왕이 머지않아 죽는다는 허무맹랑한 소문을 퍼트려 호위군을 선동한 것이었다.

김유신 장군이 이 소문을 듣고 왕을 안심시키는 한편 캄캄한 밤연에 촛불을 매달아 하늘로 띄워 올렸다. 그리고 떨어진 왕의 별이 다시 하늘로 올랐다는 소문을 퍼트려서 군사들의 사기를 진작시키고 반란군을 진압했다는 일화는 매우 유명하다.

여름 밤하늘을 올려다보노라면 크고 작은 유성들이 흐르는 것을 종종 보게 된다. 별똥별이 떨어지는 것이다. 우리는 어렸을 적 밤하늘 무수한 별 중에 내 별이 있다는 이야기를 어른들에게서 들으며 자랐다. 나와 함께 내 별이 탄생한다는 말이다. 내가 지상에서 수명을 다하고 세상을 떠날 때는 내 별도 함께 떨어진다는 것이다. 이와 같은 맥락으로 옛 천문관들은 하늘의 큰 별이 떨어지면 나라에 큰 인물이 죽는다고 예고했다 한다.

이처럼 풍수학에서도 일종의 믿음을 심어주는 상징성이 있다. 자기가 태어날 때 하늘에 9개의 별(9성)이 함께 생겨난다는 믿음, 즉 9개의 별을 본명성이라 한다. 이 본명성은 해마다 태양(나)를 중심으로 자리를 옮겨다니게 된다. 풍수에서는 이것을 잠재성적성(潛在性適性)이라 하여 이 본명성이 있는 방위에 내가 가면 기운이 활성화되어 길운이 있다고 한다. 즉 8개의 분류로 나누어 자리를 옮겨다니는 별이 그 방위에 있다면 그 해의 운이 별이 있는 쪽에 좋다는 것이다.

다시 말해서 이사하는 방향이나 여행을 하는 방향이 좋다거나 나쁘다는 것은 내가 태어난 잠재적 본명성이 어느 쪽에 있다는 이치와 같다. 예를 들어 내가 남쪽에 가 있었을 때 유난히 힘이 생기고 바라는 일이 잘 되어간다고 느껴지는 때가 있다. 이것은 자신의 본명성이 방위에 있어서 힘을 보태고 있다는 설명이 된다.

그래서 자신이 태어난 해를 기준으로 사람마다 남녀는 같은 해에 태어나도 기운은 다르다. 이 점이 기운을 보는 방식에 다른 것을 알 수가 있다. 개개인마다 다른 별이 있다는 증거이다. 다시 말해서 오묘한 풍수의 해설 방법 때문인 것이다. 다시 말하면 이 본명괘에 따라 방위의 길흉이 달라지는 것으로 먼저 아이에게 있어서 책상 놓는 위치는 물론 시험 보러 가는 장소도 미리 알고 나서면 그 날의 성과를 길운으로 받아들일 수 있게 될 것이다.

9성과 색상

.

방위로 길흉을 보는 방법은 몇 가지가 있다. 그 가운데 중국 낙수에서 유래되었다는 이 9성법(九星法)이 대체로 가장 많이 사용되고 있다. 이는 아홉 개의 방, 구궁(九宮)이 시각에 따라서 자, 축, 인, 묘, 진, 시, 오, 미, 신, 유, 술, 해 12간지(띠)로 운항하는 것으로서 방위에 붙여진 이름은 그대로 있고 9가지의 기운만 돌아다니는 것으로 이것을 9성학, 또는 기학이라 이라고 앞에서도 설명한 바 있다.

이 구성의 순환 행보를 그림으로 나타내 보면 다음과 같다.

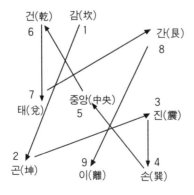

9성 순환도

1(북)에서 2(서남)로 왔다가 다시 3(동)으로 간다. 3에서는 4(동남)로 내려왔다가 5(중앙)로 간다. 5에서 6(서북)으로 갔다가 7(서)로 내려온다. 7(서)에서 다시 8(동북)로 갔다가 9(남)로 내려온다.

이것을 방위로 다시 한번 설명해 보면 북쪽에서 서남으로 내려왔다가 서남에서 동쪽으로 옮긴다. 동쪽에서 동남으로 내려왔다가 중앙으로 들어간다. 중앙에서는 서북으로 갔다가 서쪽으로 내려온다. 서쪽에서는 다시 동북쪽으로 갔다가 이번에는 남쪽으로 온다.

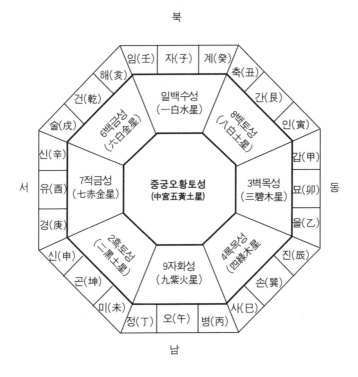

구성도

9성의 방위도는 그대로 있고 본명성이 각 방위로 옮겨다니는 것이다. 위의 그림처럼 한 바퀴 완전히 도는 것을 1둔이라고 하는데 이는 천간(天干)과 지지(地支)가 차례대로 결합하는 것이다. 즉 갑자(甲子)에서부터 계해(癸亥)까지 60개의 간지 결합이 날마다 달마다 해마다, 상원, 중원, 하원의 삼원에 따라 순환하기 때문에 이것을 삼원육갑의 일둔으로 친다. 그뿐만 아니라 구성도 20회전을 한 180이 되어서 서로 다시 일치하게 된다.

9성은 원궁의 방위에 따라 각각의 5행과 색채를 가지고 있다

사주와 아울러 태어난 연도의 간지에 따라 고유의 본명성을 가지게 된다고 하였는데 본명성이란 바로 이 9성을 말하는 것이므로 태어난 해의 간지로 자신의 5행과 그에 따른 고유의 색채를 갖게 된다. 본명성에 의해 갖게 되는 상징적인 색채는 저마다 특정한 색깔을 선호하는 경향으로 나타나기도 한다.

이 구성학에서 견지하는 이론은 자신의 본명성이 상징하는 색채에 대해 친화력과 동화 욕구를 가지고 있다는 것이다. 즉 어느 특정한 색(자신의 본명성에 해당하는 색)이 나타내는 상징적 의미와 연상 작용에 고무되는 경향이 나타난다고 한다.

이렇게 본명성에 따르는 9성과 거기에 대응하는 오행 색채를 양택인 가상에서 이용하는 것은 현대의 가상학에서 매우 중요한 위치를 차지하고 있다. 즉 아이방의 인테리어를 할 때는 집의 구조나 배치도 중요하지만 그보다는 벽지나 천장의 색깔, 커튼색, 가구의 색조 등 본인의 9성에 의한 오행색으로 맞추고 최대한 활용하는 것이 아이의 두뇌 발달에 더 좋은 효과를 거둘 수 있다는 것이다.

보통 9성과 5행을 하나로 묶어서 부르는데 일백수의 경우 오행은 수, 칠적금의 경우 오행이 금이라는 뜻이다. 각각의 9성이 상징하는 색깔은 아래와 같다.

일백수__흑색

이흑토__황색

삼벽목__청색

오황토__황색

육백금__백색

칠적금__백색

팔백토__황색

구자화__적색

이것이 본명색에 의한 색채이다. 한편 오행의 색채를 가상학이나 의상 혹은 간판용, 상업용에도 이용하면 좋다. 본명성이 상징하는 오행색 이외에 상생관계에 있는 색도 좋다.

상생되는 5행은 목―화―토―금―수―목

상극 5행은 목―수―화―금―목

따라서 목을 이롭게 한다고 할 수 있는 화 역시 자신에게 유리한 색채가 된다. 그러므로 삼벽목 본명성을 가진 사람은 목수화의 3가지와 5행과 색채에 대하여 길한 영향을 받을 수 있게 된다.

목의 5행색이 청색, 수가 흑색, 화가 적색이다. 자신의 본명성에 이로운 색채를 살펴보면 다음과 같다.

일백수생__백, 청, 흑색이 길하다.

이흑토, 오황토, 팔백토생__황, 적, 백색이 길하다.

삼벽목, 사록목생__청, 흑, 적색이 길하다.

육백금, 칠적금생__백, 황, 흑색이 길하다.

구자화생__적, 청, 황색이 길하다.

5행색과 상생 반응을 계속 일으켜서 생기가 가득한 방식을 택하도록 한다.

9성을 이용한 2005년의 운세

9성과 나이	2005년의 운세
一白水星 7, 16, 25, 34, 43, 52, 61, 70, 79	· 늘어나는 실력, 높아가는 의욕 이흑토성인의 운세는 지난해의 쇠운을 겨우 벗어난 시점으로서 아직 남아 있다. 평탄하게 지난 일이라도 방심해서는 안 된다. 올해의 일상시만이 아니라 잡다하게 얽혀 있다. 그렇다고 단번에 타개해 보려는 어리석은 행동을 취해서는 안된다. 임기응변으로 유연하게 행동해 나가는 것, 착실하게 안정된 운기를 택하는 것이 현명한 방법이다. 자기의 부족한 점은 독서로 대신해야만 한다. 또한 대인관계에 관해서도 잊지 말아야 한다. 신축 개업은 소규모로 시작하는 것이 좋다. 소화기 질환이 좋지 않으므로 조심하는 것이 좋다.
二黑土星 8, 17, 26, 35, 44, 53, 62, 71, 80	· 환호소리 뒷전에 방심이 깃든다 삼벽목성인의 올해 운세는 늦봄같이 화사하고 만사형통이다. 오래 끌어오던 숙원 사업도 성취되는 절호의 기회이다. 그러므로 목표를 세우고 지구력을 발휘하여 하나의 길만을 향해 전진해야 한다.

9성과 나이	2005년의 운세
	자만에 겨워 한눈을 팔거나 외도의 마음에 이끌리면 좌절과 탈선뿐이다. 또 경솔하게 남과 대립하여 시비, 배반, 다툼을 일으키지 않도록 한다. 벽에 부디쳐 마졌다고 생각할 때는 전문가나 지도자의 조언을 받는 것이 좋다. 독선적인 행동은 불리하다. 협조와 조화를 이루어 올해의 성운을 잘 활용 크고 굳세게 전진하여 결심을 맺도록 한다. 과로에 유의해야 하며 스트레스 등으로 인한 혈압 이상, 소화기 사고를 조심해야 한다. 신축개업, 개점 독립 사업 등 모두 대길하다.
三碧木星 9, 18, 27, 36, 45, 54, 63, 72, 81	・부드러운 응대는 신뢰를 낳는다 사록목성인의 올해 운세는 평온한 가운데 순조로운 전진이 기대됨으로 성운의 해가 된다. 형식이나 격식에 따르기보다 임기응변으로 대처 대응하는 것이 큰 성과를 가져오게 된다. 상승세를 타서 맹진하거나 지나치게 무리한 방법이 도리어 좋은 기회를 놓치고 좌절을 초래하게 된다. 대인관계를 부드럽게 하는 것이 중요하며 편파됨이 없이 조화 균형을 잡아 사귀어야만 한다. 그러나 너무 폭을 높혀서 복잡하게 교제를 하면 쓸데없는 일까지 산더미로 밀어 닥쳐서 나중에는 큰 부담이 된다. 경제면에 있어서 노력에 비한다면 수학이 좋은 해라고 할 수가 있다. 새로운 분야에의 진출은 자기역량을 넘지 않는 가운데 단독으로 하지 말며 단합과 신뢰가 유리하게 진행되어 간다. 정보망을 넓혀서 수완을 발휘할 수 있는 재능도 필요로 한다. 건강은 호흡기, 위장질환의 우려, 신축 개축 결혼 등에 길하다.

9성과 나이	2005년의 운세
四綠木星 1, 10, 19, 28, 37, 46, 55, 64, 73	· 방심은 태산 같은 해일 오황토성인의 올해 운세는 기력이 충실해서 왕성함을 느끼게 하는 해이다. 그러나 그리 평탄한 해는 되지 못한다. 즉 길운과 흉운이 교대로 발생하거나 떴다 가라앉는 부침이 심한 징조가 예상되니 경계가 필요하다. 성급하게 공을 세우고자 맹진하거나 지나친 확대 발전책을 도모함은 뜻밖의 좌절과 실패를 만날 수 있다. 때로는 역량을 인정받아 책임 있는 자리를 물려받게 되기도 하지만 자신이 없으면 사절함이 마땅하다. 신중하게 대처함이 현명하다. 대인관계를 지나치게 확대하면 폐단이 발생되게 됨으로 너무 개방함은 부당하다. 충동적인 행동은 삼가야 하고 남보다 앞장서지 않는 것이 좋다. 건강면에 있어서는 뇌일혈 소화기에 이상이 있다.
五黃土星 2, 11, 20, 29, 38, 47, 56, 65, 74	· 성대함에도 완전은 없다 육백금성인의 올해 운세는 성대한 왕성운이다. 타고난 재주와 슬기, 역량을 마음껏 발휘할 수가 있는 해이다. 희망을 드높여 목표 실현에 두고 자신감과 용기로서 적극 행동으로 전진하도록 한다. 사리사욕을 앞세우고 자기 중심이 된다면 이 좋은 운기를 놓치게 된다. 공명정대하게 나가도록 한다. 대인관계에 있어서는 자존심이나 외고집을 내세우면 반발은 사게 되어 운기의 하락을 초래하게 된다. 무엇보다 협조의 자세를 잊지 말며 겸허하게 대처해 감으로써 인맥에 의한 성과를 기대하게 된다. 경제면도 확대 발전하게 된다. 다만 그에 따르는 지출 역시 중대하다. 그러나 올해의 현명한 진출은 장래 커다란 포석이 된다. 건강면에 있어서는 머리 부위의 장애, 가슴, 심장, 교통사고를 주로 조심해야 한다. 개업, 개점, 신축, 증축, 정설 등도 모두 길하다.

9성과 나이	2005년의 운세
六白金星 3, 12, 21, 30, 39, 48, 57, 66, 75	· 즐거운 뒷전에 도사린 손실 칠적금성인의 올해 운세는 희열 운으로서 기쁨이 충만하니 대단히 좋다. 그렇다고 방심할 수 없는 해이기도 하다. 대체로 수입이 많아 경제적으로 혜택을 많이 받는 해이므로 본업의 취미적 면에서도 뜻밖에 큰 성과가 있다. 하지만 반대로 복병처럼 생각지 않았던 일이 불쑥 나타나 애를 먹게 되는 수도 있다. 대인관계는 인맥이 넓어져서 겉은 화려하지만 교제에 있어서 피해를 보기도 한다. 은혜가 원수가 되고 성의가 오해를 받는 경우가 있다. 방심은 금물이다. 이해야 말로 타고난 선견지명과 통찰력을 동원을 해서 장애를 미연에 방지하도록 한다. 경솔한 발언, 무리한 신장책, 허영과 사치, 팔방미인의 자세는 금물이라고 할 수가 있겠다. 건강면은 구강, 가슴 부위, 심장 등을 조심하고 건축, 개업, 개점 등에 흉하다. 특히 불조심해야 한다.
七赤金星 4, 13, 22, 31, 40, 49, 58, 67, 76	· 망설임을 끊고 앞길을 열어 가도록 하라 팔백토성인의 올해 운세는 9년에 한번 돌아오는 길 모서리로 쌍갈래길의 분기점이라고 할 수가 있다. 지금까지 걸어온 자취에 하나의 중대한 전환점이 된다. 그러나 전진 의욕만 앞서고 순탄한 진행이 못되는 시기이기도 하다. 급한 마음에서 서둘러 비약과 진전만 시도된다면 오히려 막혀서 정체되기도 한다. 그러나 미리 충분한 계획을 세웠다면 새로운 경지를 향해서 건전한 출발을 내디뎌야 한다. 그 때문에 금년은 특히 대인관계를 중시해야 하며 성심과 성의를 잊지 말고 좋은 윗사람의 지도와 편달을 받는 자세가 무엇보다 중요하다. 건강면에 있어서는 혈압, 소화기 이상, 타박상, 충돌, 낙상 등 부상에 주의해야만 한다. 직업 전환, 이사, 이전, 개축 등은 소길하나 단, 신축은 보류하는 것이 좋다.

9성과 나이	2005년의 운세
八白土星 5, 14, 23, 32, 41, 50, 59, 68, 77	**· 밝을 때 어둠을 상기 하라** 구자화성인의 올해 운세는 혜택받은 상승세의 하나가 되리라. 좋은 윗사람이나 상사의 도움을 받아서 재능과 슬기를 마음껏 발휘할 수 있는 기회를 맞게 된다. 또 노력의 보람이 열매 맺아 큰 성과를 이루게 된다. 호시절을 맞아서 자신감도 강화되어 위험이나 모험에도 도전해 보고 싶어진다. 신중성을 잊으면 궤도를 벗어나 탈선하며 소망이 공중 분해될 위험도 있다. 한편 자기 체면에 걸리는 언동을 취하다가 남과 구설에 말려들어서 친한 사람관 단절을 빗기 쉽다. 수완과 역량이 재평가 받는 반면에 옛일이 들통나는 수도 있다. 매사 신중하게 깊이 생각해서 안전주의로 낭비나 사치는 억제하고 계약 문서에 조심할 필요가 있다. 건강상 문제에 있어서는 눈, 심장, 소화기, 피부 질환 등에 유의해야 하며 규모가 큰 것과 직업 전환은 절대 금물이다.
九紫火星 6, 15, 24, 33, 42, 51, 60, 69, 78	**· 군자는 어두운 밤길을 걷지 않는다** 일백수성인의 올해 운세는 곤란과 곤궁을 뜻하는 함정에 빠진 쇠액운이므로 매사에 조심해야 한다. 그러면서 어디까지나 중용을 지켜나가야만 하며 지나친 언동을 삼가고 분수에 넘치는 일은 절대 해서는 안 된다. 그것은 설사 손에 익은 일도 지체되고 탈선 전복 등이 발생을 한다. 사물을 너무 쉽사리 보거나 안이한 판단으로 가르침이 없도록 항시 정확한 선견성이 있는 관찰이 중요하다고 할 수가 있다. 존경하는 사람으로부터 지도를 항상 지켜 나가도록 하는 자세가 무엇보다 필요하다. 눈앞의 이익이나 욕심에 사로잡혀서 남의 감언이설에 쉽게 속는 등, 도난, 사기, 혹은 실직, 배신 등 중상모략에 골탕을 먹게 되니 가까이 하는 사람을 조심해야 한다. 다만 정신적 학문적인 면에 있어서 큰 성과가 있다. 종교면에 있어서도 길하다. 건강은 심장, 간장, 신경계 질환, 또 물가나 비오는 날을 특히 조심해야 한다. 개업, 직업 전환, 건축 등은 불가하다.

3. 아이의 공부방

집 전체의 운이 좋아야 공부운이나 취직 운도 따른다

풍수 양택인 가상의 생각 방법은 좋은 땅을 선정하여 여기에 집을 짓고 사람으로 하여금 좀더 나은 행복한 가정을 이루려는 것이 목적이다.

한 채의 집을 옛날에는 3요라고 하여 대문, 부엌, 안방으로 분류하였으나 근래에 와서는 생활구역을 크게 7~8개로 나누게 되었는데 예를 들면, 현관, 응접실, 부엌, 화장실, 욕실 침실, 공부방 등등으로 나누고 있다. 그런데 이러한 7요에는 나름대로 상징적 의미를 담고 있다.

현관은 전체의 가운을 뜻하고, 응접실은 가족 전체의 운을, 부엌은 재산운을, 화장실은 건강운을, 욕실은 또 애정운을, 침실은 사업운, 그리고 아이방은 공부운으로 나누어 보고 있다.

이렇게 7개의 운이 어우러져 가족의 운을 마련하게 된다. 이러한 각기 다른 방이 어느 방위에 있는가에 따라서 그 운도 의미를 부여되어 있어서 좋은 운인가 나쁜 운인지 결정된다. 여기서 우리네 소중한 아이의 공부방에 대해서 길운과 흉을 한번 살펴보고 져 한다.

그러나 이 길운에 대해서는 결코 좋다고 마냥 좋아할수만 없고 나쁘다고 실망할 수도 없는 묘한 자연의 이치를 생각게 한다.

공부방에 대한 길운 방법도 살펴보고자 한다.

일반적으로 공부운이나 합격운, 그리고 취직운은 자신이 기거하는 방이나 방위, 혹은 서재만 좋다고 해서 성공으로 이어지는 것은 아니다. 물론 기운(氣運)을 위해서는 공부할 때 기를 얻는 방위가 제일 중요하다. 그러나 집 전체의 운도 간과할 수가 없다.

다시 말해서 집은 가족이 함께 사는 최소한의 집단체이므로 가족이나 집의 운이 함께 하지 않으면 개인의 운도 따르지 못하게 되어 있다. 그러므로 개인의 방위보다 앞서 살펴야 할 운은 집안 전체의 운이다.

가상(家相)이 좋고 집안 전체나 가족 운이 좋다면 웬만한 흉운이 있어도 상쇄되기 마련이다. 그러기 위해서는 방의 방위에 앞서 집안의 운도 따라야 할 것은 두말할 여지가 없다. 먼저 집안에 길운이 되는 몇 곳의 인테리어를 살펴보자.

행운이 들어오는 현관이 좋아야 한다

양택 풍수에서 3요 중 한 곳이 현관(대문)이다. 대문은 가족이 드나드는 첫 관문이기도 하지만 가족 이외의 여러 사람들도 드나들게 된다. 이 대문을 드나드는 사람으로 인하여 길운을 가져오기도 하고 흉운을 가져오기도 한다. 그러므로 이 대문(출입문)이 얼마나 중요한지는 두말할 여지가 없다.

다음은 기의 출입문이다. 대지의 기는 바로 이 대문을 통해서 들어오기 마련이다. 그러니 첫 관문부터 기가 원하지 않는 형태로 되어 있다면 기운은 통하지 못하고 되돌아가고 말 것이다.

예를 들면 기는 정면에 거울이 있는 것을 가장 싫어한다. 자신의 모습을 들어내기 싫어하기 때문이다. 일반 가정에서 현관문을 열고 집안에 들어섰을 때 정면 벽에 커다란 거울이 있다면 기는 자신의 모습에 놀라 출입문으로 다시 돌아나가 버린다. 그러므로 현관의 인테리어에 의해서 좋은 운도 되고 나쁜 운도 된다.

그리고 누구나 집안이 깨끗하면 기분이 좋아지고 마음도 환해질 것이다. 그래서 우리 조상들은 '개문 만복래'라 하여 아침 일찍 일어나서 제일 먼저 대문을 열어젖힌 후 안팎으로 주변을 깨끗하게 쓸었던 것이다. 이렇게 안팎으로 청결하게 청소하면 기분 좋아진다. 기분이 좋다는 이것이 길운이라면 길운이라고 할 수도 있을 것이다.

현관에 들어왔을 때 흙 묻은 신발이 여기저기 흩어져 나뒹굴고 아이가 타던 세발 자전거가 그대로 방치되어 있다면 출입에 지장을 줄 것이다. 그 외 현관에는 흔히 골프채나 우산꽂이 등이 놓여 있기 일쑤이다. 이것은 음양오행상 어울리지 않으므로 흉운이 될 수 있다. 그러므로 좋은 기를 어떻게 하면 돌아나가지 않게 하는지 그 관건이 되는 것이 바로 현관이다. 이 점을 그림에서 참고하기 바란다.

거울은 정면보다 옆으로

주방이 좋아야 행운이 따른다

양택 풍수 중 3요는 대문, 안방, 부엌이다. 아다시피 우리 인간의 활동 에너지는 음식을 먹는 것에서 시작되므로 주방은 행운을 좌우하는 두 번째 장소라고 해도 틀린 말은 아닐 것이다.

옛말에 식이위천(食餌爲天)이라는 말도 있듯이 사람에게는 먹는 것이 가장 중요한 문제이다. 그러므로 건강을 지키고 활동을 하기 위해서는 주방인 부엌의 역할이 중요하다.

가족의 건강은 주부의 손에 달려 있다. 그러므로 주부가 튼튼하고 건강해야 하고 가족의 입맛에 맞게 정성껏 요리를 준비해야 한다. 그러니 이 집의 행운이 주방에서 나온다고 해도 틀린 말은 아니다.

일반적으로 부엌에는 물도 있고 불도 있다. 조리를 하려면 물과 불이 필요하다. 주방에는 불, 즉 화(火)가 있다. 그러나 불만 있는 것이 아니다. 물과 가까이 공존한다. 물은 수(水)에 해당된다.

물이 있어야만 쌀을 씻어 밥솥에 넣어 가열하고 물이 있어야만 그릇을 닦고 설거지를 하기 마련이다. 그러다 보니 가스레인지나 싱크대 수도꼭지는 주방과 함께이다. 그뿐만 아니라 냉장고도 물이라고 할 수 있다. 냉장고는 흔히 주방에 있으므로 수와 화는 공존하는 것이다.

그런데 이 수와 화는 오행상 화극수(火剋水)라고 하여 대단히 좋지 않다. 그러므로 만약에 물과 불이 너무 가까이 있다면 풍수학상으로는 좋지 않다는 결론이 된다. 이 점을 명심할 필요가 있다.

그러므로 싱크대의 위치나 밥솥, 가스레인지가 너무 가까이 있다면 흉운이 된다. 그러나 5색 야채가 가까이 있다면 가족의 건강에 이상은 없을 것이다. 5색 야채는 의학적으로도 건강상 가장 필요한 원소이다. 이외에도 쇠붙이나 철판 등으로 된 부엌 살림을 마련하면 좋지 않다. 자연 친화적인 소재인 목재가 가장 이상적이다.

주방과 침실이 마주 보아서는 안 된다.

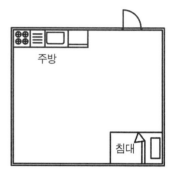

주방과 침대가 너무 가까이 있어서는 안 된다.

창문이 주방 뒤편에 있어서는 안 된다.

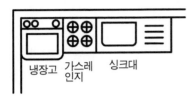

가스레인지 테이블이 물과 물 사이에 협
공당해서는 안 된다.

천장 대들보가 주방 가스레인지 테이블
위에 있어서는 좋지 않다.

배수관 위에 가스레인지를
설치해서는 안 된다.

침실은 사람에게 에너지를 공급한다

차는 휘발유를 공급해야만 움직이듯이 사람은 잠을 잘 때 원기
(元氣)를 보충해야만 활발하게 움직일 수 있게 된다. 에너지가 없다

면 차량이 한 발짝도 나아갈 수 없는 것처럼 사람 역시 원기라고 하는 에너지가 없다면 움직이지 못한다.

사람에게는 잠을 자는 동안 기운의 에너지가 공급된다. 낮에 하루 종일 일을 하다가 밤이면 피곤한 몸을 누이게 된다. 그렇게 밤 동안 푹 자고 이튿날 잠을 깨면 원기나 활기를 얻게 된다. 이것이 원기의 에너지를 공급받은 것이다.

차량이 기름의 많고 적음에 따라 주행 거리가 결정되듯이 사람 역시 공급받은 원기로 인해서 기운을 축적하게 된다. 그러므로 이 원기를 공급하는 침실이 중요하다. 침실 중에서도 침대의 방위와 위치가 중요하다. 침대를 방의 어느 방향에 놓아야 옳은지, 머리를 어느 쪽에 두면 두뇌의 냉철함이 결정되는지 알아야 한다.

잠을 깊이 자고 편하게 자는 것에 의해서도 좋은 운과 나쁜 운으로 나누어지게 된다. 물론 방안의 색상이나 조명, 창문의 커튼도 관계가 있다.

아이방의 침실이나 공부방에도 재능이 결정된다

동궁(東宮)은 세자의 거처를 말한다. 세자는 임금의 뒤를 이어 다음 보위에 오를 아이로 대부분 장남을 일컫는 말이다.

풍수상 장남인 아이의 방은 동쪽이 좋다고 알려져 있다. 동쪽은 해가 솟는 방위이며 햇살의 기운이 충만한 곳이기 때문이다. 그래서 옛 왕궁에서는 동궁의 거처를 동쪽에 두어 동궁이라고 이름하였다.

동쪽 방에 있는 아이는 성장이 활발할 뿐만 아니라 생기 발랄하다. 두뇌 회전이 활성화되어 공부가 잘 된다. 침대는 아이방 어디에 두어야만 하고, 책상은 어디다 두고, 창문은 어디에 있으면 좋으며, 방의 집기나 색깔은 어떤 색상이어야만 좋은가. 이 모든 것은 아이의 건강과 성격, 공부와 비례한다는 것을 알 수가 있다. 그러므로 아이방의 위치가 대단히 중요시된다.

가령 안방이나 아버지가 거처해야 할 위치에 아이방이 있다면 어른스러워지고 공부에 관심을 기울이기보다는 가족을 먹여 살릴 돈벌 궁리부터 하게 될 것이다. 아이는 그 시기에 맞게 공부에 온 힘을 기울여야 한다. 그래야만 좋은 성적을 얻을 수가 있고 상급학교 시험에도 좋은 성적으로 무난하게 합격할 수가 있다. 평소 놀이에만 열중하다가 시험 때 좋은 성적을 바라는 것은 어리석은 노릇이다.

부모님은 아이의 방을 공부하기 좋은 방위에 정해 주어야 하며 아이를 위해서 가장 좋은 방을 만들어주는 것이 어른의 책임이라고 할 수 있다.

아이방으로 좋은 배치도(행운을 가져오는 공부방)

1. 책상은 방의 북쪽, 즉 북향에 놓는 것이 공부에 도움이 된다. 앞이나 옆에 창문이 없어야만 한다. 책상은 아주 튼튼한 목재여야 한다. 의자 역시 평범하고 튼튼한 나무 의자가 좋다. 색깔은 검정이나 나무 그대로의 자연색이 좋다. 책상 앞에 의자를 놓고 앉으면 공부에 지장이 없다.

2. 책상 앞 벽면에 격문 같은 것을 붙이거나 책상 앞에 쭉 나열해 놓는 것은 공해가 되어 지장을 초래한다.

3. 햇볕이 잘 들어오고 밝은 방이 좋다. 다만 공부방은 북쪽이 제일 좋다.

4. 가구는 목재가 좋다. 색상은 아이가 좋아하는 색이라면 좋다.

5. 커튼의 색은 내부 벽면과 같은 것이 무난하다. 보통 세로줄 무늬가 더욱 좋다.

6. 바닥이나 벽 천장은 자연 친화적인 소재를 택한다. 마루나 바닥 역시 따뜻한 색깔, 그리고 벽 역시 훈훈한 색깔로 한다.

아이방의 기준 방위

어른 방의 방위와 마찬가지로 아이에게 있어서 방의 방위는 결정적으로 길흉의 원인이 된다. 그러나 아무리 길(좋은)한 방위로 아이방을 옮기고 침대는 물론 책상 등을 좋은 자리에 옮겨놓았다 하더라도 저절로 공부가 되는 것은 아니다. 학교 성적도 저절로 올라가는 것이 아니다.

본인 스스로 성적을 올리겠다는 의욕과 노력이 더 중요하다. 피나는 노력이 무엇보다 중요한 것이다. 즉 공부에 대한 열정이나 어떤 계기를 만들어주는 것이 필요하다.

그러자면 일단 아이방이 방위적으로 맞아야 하고 두 번째는 공부를 할 수 있는 환경 조성이 필요하다. 세 번째는 침대나 책상, 가구 등이 적절한 위치에 놓여야 한다. 네 번째는 자신의 길한 방위를 찾아서 앉아야 한다.

이 모든 조건이 갖추어질 때 공부에 열중하고 싶은 마음이 생길 것이다. 말하자면 책을 펴서 읽고 한번 외웠다면 이것을 쉽게 기억

할 수 있어야 한다. 그러기 위해서는 공부에 심취할 수 있도록 환경을 만들어 주어야만 한다는 것이다. 가령 독서 중에 창밖에서 듣기 싫은 소리가 요란하게 들린다면 저절로 신경이 그리로 쏠려서 책은 읽혀지지 않고 공부도 계속할 수 없을 것이다.

방안 환경을 살펴보자. 첫째 시선을 제일 먼저 끌게 되는 것은 아마도 방안 분위기나 기분을 조성하는 색깔에 관심이 갈 것이다. 즉 천장이나 벽지가 얼룩덜룩하거나 차가워도 신경은 그리로 쏠릴 것이다. 설사 정신적으로는 무감각하더라도 육체는 방해가 된다고 느낄 것이다. 그래서 자신에게 어울리는 색상이 공부에도 도움이 된다.

만약 물 속처럼 고요하고 조용한 밤에 책을 읽는다면 혹은 공부를 한다면 머리 속에 쏙쏙 들어갈 것이다. 그러니 아이방이라고 단순하게 생각한다면 큰 오산이다. 그러면 성적도 오르지 않을 뿐만 아니라 공부도 되지 않을 것이다. 아이방은 밖이나 내부가 공부를 잘하게 만들어주는 여건이 필요하다. 한마디로 세심한 배려가 필요하다. 공부가 잘 되게 하는 환경을 만들어주어야만 한다는 것이다. 이것이 아이가 공부를 잘하고 성적을 올릴 수가 있는 방도이다.

왕도는 따로 없다는 말이 있듯이 부모는 아이가 공부를 잘하게 하고 성적을 올리려면 지속적인 관심과 배려 없이는 공염불에 불과하다고 할 수밖에 없다. 이것은 일시적이어서는 된다. 예리한 관찰은 물론 공부할 수 있는 여건을 만들어 주어야만 한다는 것이 가장 중요한 일 중의 하나이다. 공부 잘하는 아이, 성적이 좋은 아이를 만드는 것이 바로 이 풍수의 목적이다.

그 다음으로 방위가 중요하다. 아이의 명괘에 해당되는 방위가 중요하다. 방위는 아이에게 길한 운을 항상 가져다주기 때문이다. 만약 좋은 기가 내 몸에 항상 같이 한다면 머리 속에 쏙쏙 잘 들어갈 것이다. 좋고 나쁜 방위를 알지 못하고는 방위나 방향의 결정을 할 수 없기 때문이다. 가령 북쪽 방위는 아이의 공부방으로 가장 좋다고 알려져 있다. 또 동쪽 방위는 성실하고 결단력이 있고 리더십을 발휘할 수 있다고 한다. 하지만 이러한 설명만으로 모두 좋다고 결단내리기는 어렵다. 못(볼트)처럼 끼워맞추는 것만으로 해결되는 것이 아니기 때문이다.

북쪽 방이 좋다고 하여 누구나 그 쪽으로 아이방을 정한다면 공부를 하지 못하는 아이는 없을 것이다. 그러나 그렇게 안 되는 것이 자연의 오묘한 섭리이다. 북 방위는 차분한 것이 이 방위의 특징으로 아이에게 최상의 공부 환경인 것만은 틀림이 없다. 그러나 모든 아이들에게 적용되는 내용이 아니다.

성격이 차분하고 내성적인 아이가 이 방위에서 공부를 한다면 어떻게 될 것인가. 평소 활발하고 놀기 좋아하는 아이라면 차분함을 주는 북쪽 방위가 좋겠으나 그렇지 않은 아이라면 다시 한 번 생각해야 할 문제이다. 만약 이런 아이들은 이 방위의 방을 사용한다면 더욱 침울해지지 않을까 싶다. 이럴 때는 다소 활발해지는 방위로 옮겨야 한다. 그러므로 무조건 북 방위만 고집할 수 없게 된다.

또 남동쪽 방위는 협조성, 사회성과 관련이 있어서 사교적이고 귀여움을 받는 방위이다. 이 또한 아이의 성격에 어울리는 방위를 택하는 것이 옳다. 서쪽은 일반적으로 아이 방위로는 좋지 않다고 알려져 있다. 그러나 반드시 나쁘다고만 할 수는 없다.

아이의 출생이나 성격에 따라 다를 수도 있으므로 좋을 수도 나쁠 수도 있다. 서쪽은 기본적으로 아이에 대한 애정을 강화시키는 기운이 있다. 부드러운 성격을 형성시키기는 반면 어리광이 심한 아이가 되기도 쉬우므로 이 점에 유의하지 않을 수 없다.

또한 북동쪽 방위도 자기 혐오나 주체성 없이 남이 하는 대로 따라가는 아이의 방위로 되어 있다. 그러므로 아이의 성격을 먼저 살펴본 후에 방위를 조절해야 한다. 이 모든 판단은 임상이 풍부한 의사가 환자의 병명을 적확하게 찾아내는 것과 같이 풍수에 있어서도 예외는 아닐 것이다. 방위의 의미는 존중되어야 마땅하지만 음양오행의 조절이 필요하다. 이런 점을 고려한다면 여기에 동양의 자연적 철학이자 오묘한 진리가 담겨져 있다고 할 수 있다.

아이 공부방은 북, 동, 남, 동북, 동남 방위

일반적으로 아이의 공부방은 뭐니뭐니해도 역시 북(坎) 방위가 제일 좋다고 한다. 이 중에서도 원기가 왕성하고 무럭무럭 자라나게 하는 방위는 동, 남, 동북, 동남 이 네 방위이다. 특히 남자아이의 경우는 동쪽(震方)이나 동북(艮方)이 좋고, 여자의 경우는 일반적으로 동남(巽方)과 남(離方)이 가장 좋다. 이렇게 남자아이 두 방위와 여자아이 두 방위를 합해 모두 네 방위가 되는 셈이다.

어린이의 공부방은 어른의 서재에 해당되지만 대개는 침실과 책상(공부방)을 함께 사용하는 것이 일반적인 현상이다. 그러나 침실과 공부방은 따로 분리하는 것이 원칙이다. 대부분의 가정에서는 아이방은 있어도 어른이 서재를 두는 것과 같이 공부방을 따로 두는 집은 그리 흔치 않을 것이다. 하지만 아이를 위하고 공부를 잘하게 하기 위해서는 역시 침실과 공부방을 분리하는 것이 좋다.

아이에게 좋은 방위

· 북쪽은 집중력과 인내력을 길러준다(단 화장실이나 정화조, 쓰레기장이 있으면 좋지 않다).

· 동북은 창문이 없으면 길하다.

· 동쪽은 리더십을 만들어 준다.

· 동남쪽은 사교적인 아이가 된다.

· 남쪽은 초등학생이라면 좋다.

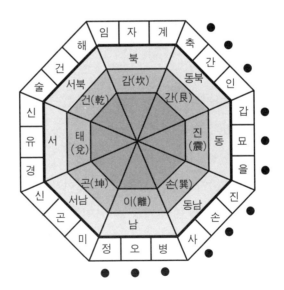

● 좋은 방위

아이에게 좋은 방위

· 남서쪽은 끈기가 없다.

· 서쪽은 의욕을 잃는다.

· 서북쪽은 모자(母子) 가정이라면 그런대로 괜찮다.

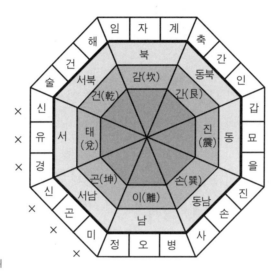

× 나쁜 방위

책상

　공부방의 책상은 대체로 북(坎) 방위에 놓는 것이 가장 좋다. 그런데 아이들은 호기심이 많고 장난기가 많아서 책상 앞에나 텔레비전, 또는 만화책에서 본 용감한 소년 그림이나 배우들의 사진들을 너절하게 붙여놓는 경우가 있다. 이런 것은 공부에 도움이 되지 않기 때문에 피하는 것이 좋다.

책상은 한번 구입하면 쉽사리 버리지 않는다. 어렸을 때부터 대학생이 될 때까지 사용하는 경우가 대부분이므로 처음 구입할 때부터 크고 단단한 것을 선택하도록 한다. 소재는 튼튼한 나무 목재로 만들어진 것이 가장 좋다. 옛날에는 철제 책상도 있었으나 좋지 않다. 그리고 한쪽에 서랍이 있는 것보다 양쪽에 다 있으면 더욱 좋다.책상 앞에는 작은 책꽂이를 두지만 없는 것이 좋다.

의자

의자는 아이가 책상 앞에 앉아서 편안한 자세를 취할 수 있다면 그것으로 족하다. 즉 편안한 의자가 좋다. 의자가 좋지 않으면 신경이 쓰이고 공부도 잘 되지 않는다. 그러므로 앉으면 편안하고 크고 단단하며 지나치게 높거나 낮아서는 안 된다. 근래 보면 기능 의자라고 하여 여러 가지 화려한 장식을 한 의자들도 있지만 아이들 공부하기에 적절하지 않은 것이 많다. 자칫 아이의 건강을 해칠 수도 있기 때문이다. 금속 의자보다는 나무 의자가 좋다. 그리고 앉는 자리는 가죽이면 제일 좋고 다음은 천으로 된 것이 좋다.

의자의 색깔도 여러 가지가 있는데 일반적으로 한색, 즉 쥐색이나 검정색 계통이 공부에 좋다. 초중학생에게는 청색 계통도 나쁘지 않고 장년의 책상에는 청색은 별로 좋지 않다.

책상 앞에는 유명한 잠언이나 예정표 같은 것을 붙여두는 경우도 있는데 이것 역시 삼가는 것이 옳다. 굳이 붙이고 싶다면 수험 시간표 정도는 괜찮다. 그 이상의 것은 공부에 혼선을 주기 때문에 붙이지 않는 것이 좋다.

고급스런 집에서는 대개 수입 돌이나 타일 등으로 내부를 장식하지만 이렇게 호화로운 재료로 방을 둘러쌓는다고 공부가 더 잘되는 것은 아니다. 오히려 자연 친화적인 나무나 흙으로 짓는 것보다 못할지도 모른다. 옥석이나 고급 타일은 음(陰)기가 강하게 발산되어 공부에 지장을 초래하게 된다. 음기가 강하면 눈꺼풀이 내리깔리고 졸음이 온다.

방바닥

방바닥은 여러 가지 제품을 사용하고 있으나 역시 나무 재질 그대로가 좋다. 간혹 의자를 놓고 공부하다 보면 바닥에 흠집이 생긴다는 이유로 카펫을 깔기도 하는데 청소하기도 번거롭고 여러 기생충도 많이 생겨서 좋지 않다. 부득이 카펫을 깔 때는 가능한 한 털이 긴 것보다는 짧은 것이 좋다.

색상은 부드럽고 따뜻하게 느껴지는 베이지색이나 회색 계통을 사용하는 것이 공부하는데 있어서 좋다. 방안의 온도가 지나치게 높거나 차가우면 안 된다. 발이 차지 않고 견딜 수 있는 정도의 온도라면 무난하다. 방 벽면도 역시 부드럽고 안정감이 느껴지는 벽지가 좋다.

커튼

공부방에 창문이 없는 것보다 있는 것이 공부에 도움이 된다. 책상은 북쪽으로 향해 놓는 것이 좋으나 창문이 북쪽으로 나 있으면 이것은 좋지 않다. 특히 북쪽에 큰 창이 나 있으면 더욱 좋지 않다고 할 수 있다. 책상의 왼쪽에 창문이 있으면 좋다. 여기서 왼쪽은 대개 서쪽이 된다. 창문이 없다면 스탠드나 조명으로 창문 대신에 밝게 하도록 한다. 밝다는 것은 광명과 통하는 것이므로 공부가 잘 된다고 할 수 있다. 창문에는 커튼을 하게 마련이다. 이 커튼은 반드시 천과 레이스 두겹으로 해야 한다. 색상은 너무 진한 것은 좋지 않다. 되도록 밝은 천이라야 한다. 큰 꽃송이 그림이 들어 있다면 좋다. 꽃은 행운의 상징이기 때문이다.

커튼은 방안 벽면과 동일 계통의 색상이 좋다. 수험 공부를 하는 학생에게는 분홍색이나 노란색이 좋다. 기술직이나 연구직을 가진 사람은 베이지색이나 녹색 계통의 색깔로 택하도록 한다. 영업직은 청색 계통이 좋다.

응석이 심한 아이의 방 커튼은 세로로 된 직물형 무늬가 있는 것이 좋다. 가로 무늬가 있는 커튼은 좋지 않다. 아이의 침착성을 잃게 할 수 있기 때문이다.

육체나 정신이 무럭무럭 자라야 할 아이에게 가로무늬는 성장을 저해시킨다고 한다. 또 꽃 무늬가 들어 있는 것도 아이의 공부에 별 도움을 주지 않는다. 그리고 호수에 배가 떠 있는 그림이나 꽃 그림을 걸어두어도 좋다.

조명

조명은 태양을 대신한다. 행운의 상징이라고 할 수 있다. 천장에 매달려 있는 조명은 방 전체를 밝혀서 밝다고 느껴지면 그것으로 족하다. 그리고 책상 옆에 두는 스탠드는 한 개 정도면 충분하다. 책장은 책상과 가까운 벽면에 붙여서 책상에 앉아서도 쉽게 손에 잡을 수 있도록 하는 것이 원칙이다. 남자아이의 경우는 왼쪽에, 여자아이는 오른쪽에 놓도록 한다.

공부하는 방이 따로 있으면 좋으나 침실과 함께 사용하는 공부방이면 무엇보다 먼저 침대 놓는 자리를 정확하게 해야 한다. 물론 침대는 목재로 된 튼튼한 것을 고르고 침대 위치는 일반적으로 동쪽, 동남쪽이 보편적이다. 그래서 동침(東枕)을 하도록 한다.

그러나 이렇게 한 후에도 아이가 침착하게 변하지 않으면 침대의 위치를 바꿀 필요가 있다. 침대를 서쪽으로 이동시켜서 머리를 차갑게 북쪽으로 향하도록 한다. 이렇게 하면 반드시 효과가 있을 것이다.

책상에 앉아서 공부를 할 때는 책상 위에 있는 스탠드는 조명을 되도록 밝게 한다. 책상 주변은 밝고 환해야 한다. 이 책상 위에는 반드시 탁상용 시계를 놓는다. 이 시계는 여러 가지 형태가 있으나 가능한 한 둥근 나무로 된 것이 좋다. 특히 선물로 받은 시계라면 더욱 좋다고 할 수 있다. 오른쪽에는 빨간 연필이나 볼펜 3자루를 가지런하게 필통에 담아두면 공부가 더 잘 된다.

그러나 일반적으로 책상은 방의 북쪽으로 향해 앉도록 하고 침대는 남쪽에 놓아 머리는 동쪽으로 향해 두도록 한다. 만약 동쪽에 창문이 있다면 더욱 좋겠으나 만약 벽면에 막혀 있다면 동쪽 책상 좌우에 관엽식물이나 화분을 놓는 것 등을 반드시 잊지 말아야 한다.

이것은 동쪽 파워를 활성화시키기 위해서이다. 동쪽 기운은 내부에 저장되어 있는 기를 표면 밖으로 내어품는다. 태양볕이 창문으로 스며들어 눈을 부시게 하는 것은 그리 좋지 않다. 즉 공부를 할 때는 밝은 것이 좋으나 햇볕이 직접 와닿지 않도록 한다. 그래야만 공부가 잘 된다.

방위에 따른 공부방

북쪽 공부방

대체로 침착하고 차분해진다. 공부도 말없이 열심히 하게 된다. 이런 아이는 장차 수재형도 될 수 있다.

동북쪽 공부방

이해나 계산의 셈이 대단히 빠르고 지각이 있으므로 예민한 아이로 자랄 수 있다.

동쪽 공부방

아이가 건강하므로 원기가 넘쳐 흐른다. 사내아이에게는 가장 좋은 방위이다.

동남쪽 공부방

매사에 밝고 단정하며 지능적이다. 여자아이에게는 가장 좋은 방위로 훌륭하게 자란다. 예쁘고 깔끔하며 단아한 성품과 용모가 한 층 돋보인다. 현모양처감이다.

남쪽 공부방

한마디로 조숙한 경향이 있다. 화려하고 왕성한 활기, 창조성, 예술 계통에 소질이 뛰어나다. 그러나 자신의 역량보다 지나치게 목표를 높게 정해서 이 목적을 이루지 못하는 경향이 있다. 유년기까지는 무난하다고 할 수 있다.

남서쪽 공부방

딸이라면 여장부 기질이 있어 강하고 드세다. 아들이라면 성격이 꼼꼼해져서 경리나 기획 쪽에 두각을 나타낼 수가 있다.

서쪽 공부방

떠들썩한 성격으로 돌아다니기를 즐긴다. 한편으로는 감상적이어서 쓸쓸해 하기도 한다. 아나운서, 뉴스 해설가, 재담꾼으로 말 잘하는 직업이 좋다.

북서쪽 공부방

조숙하여 집안의 중심이 된다. 집을 나갈려면 빨리 나갈수록 좋다.

가정에서의 정위치

가족의 정위치는 그 사람의 삶의 방향과 생각에 영향을 미친다. 가족이라고 하는 구성원들은 대부분 부부의 결실을 중심으로 이루어진다. 그러므로 가족이 기거하는 정위치가 매우 중요하다. 그것을 알아둔 후에 아이의 방위도 알아야 할 것이다.

먼저 집주인의 위치가 어디인지 알아보도록 하자. 집주인, 즉 아버지의 위치는 서북(乾方)이다. 다음으로 어머니의 위치는 남서(坤方)이다. 가정에서의 부모의 위치는 대단히 중요하다. 그것은 이 정위치에서 생각이 태어나기 때문에서이다. 다시 말한다면 가령 장남의 정위치라고 할 동쪽 방위에 현관이나 창문이 있어서 길상이라면 그 길상이 가족 전체에게 돌아오는 것이 아니고 특히 장남인 아들이 적극적 마음을 가진 사람에게만 의해서 좋은 운기가 온다는 말이다.

이와 반대로 동쪽이 벽으로 막혀 있다면 가족 모두에게도 나쁜 운이 미치기도 하겠으나 그보다 장남인 아들에게 흉이 집중되기 쉽다. 건강도 좋지 않을 뿐만 아니라 공부 의욕도 잃어 앞날이 순탄하지 않게 된다. 결국은 부모의 기대에 실망을 안겨주게 되는 것이다.

그러므로 가족 전체의 정위치가 중요하다는 것이다. 또 가족 중 문제가 있거나 일이 잘 풀리지 않는 사람이 있다면 그 집안에서의 정위치를 다시 한 번 살펴볼 필요가 있다. 그 위치를 좋게 한다면 운기를 호전시킬 수 있다는 사실을 알게 된다.

아이방이 정위치에 있어도 흉상이 될 수 있다

대체적으로 8방에 의한 방 위치가 있어서 그 방향이 고정되어 있다. 하지만 이렇게 고정된 방(方向)이라고 해서 모두 좋다고 할 수 없는 경우도 있다.

예를 들어 둘째딸인 차녀(次女)의 위치는 남(離方)으로 되어 있다. 3남 이하는 동북(艮方), 3녀 이하는 또 서(兌方)으로 정해져 있지만 기본적으로 남쪽이나 남서쪽, 그리고 서쪽 이 세 방위는 아이들에게 별로 좋지 않은 방위로 되어 있다.

남쪽의 아이방은 양기가 지나치게 왕성하여 공부방으로는 적합하지 않다는 것이다. 남풍은 무엇이고 강하게 성장시킨다는 의미가 있다. 지나치게 강하다는 것은 공부에 별 도움이 되지 않고 집중력을 잃는 결과가 된다. 그러므로 자연히 밖으로 나돌게 될 것이기 때문이다.

공부란 차분하고 침착해야 하는데 그렇지 못하고 내가 제일이라는 강한 자존심과 안하무인의 성격은 공부에 도움이 못 된다. 그러나 갓난아이이거나 초등학생 정도라면 괜찮다고 할 수 있다. 남쪽 왕성한 바람을 받아 쑥쑥 잘 자라고 활발하여 좋다.

남서의 경우 끈기가 없어서 대흉에 속한다. 공부란 끈기와의 싸움이라고 할 수 있는데 이것을 활용할 수가 없다면 결코 좋다고 할 수 없다. 아무리 잠재적 능력이 뛰어나도 그것을 제대로 발휘할 수가 없다면 무용지물에 불과하다. 또한 남서는 표귀문에 들어 있다. 조심해야 할 방위이다.

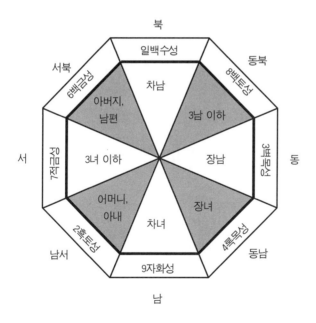

가족의 정위치

서쪽, 이 방향에 아이방을 두면 의욕을 잃는다고 나타나 있다. 이 서쪽 방위도 남서와 같이 끈기가 없고 의욕이 없다면 아무 쓸모가 없을 것이다. 특히 여자아이가 서쪽 방향에 방을 정하면 마음에 빗장을 거는 일이 생기게 된다.

기본적으로 위의 3방위는 피하는 것이 원칙이다. 이와 같은 점에서 아이방은 신중을 기하는 것은 물론 방위의 길흉을 분명하게 알아둘 필요가 있을 것이다.

건강운과 공부운이 함께 하는 공부방

　모든 부모들은 아이가 건강하고 무럭무럭 자라는 한편 공부도 잘해 주기를 바란다. 아이가 건강하지 못하다면 부모된 심정이 어떻겠는가.

　흔히 아이라고 일컬어지는 나이는 5～6세에서 보통 15～16세 정도를 아이(兒童)라고 한다. 중학생 정도의 나이도 아이라고 부르기도 한다. 하지만 고등학생이 되고 대학생이 되면 아이라고 하기에는 부담이 간다. 구태여 이름 붙이면 청년이라고 하는 것이 좋은 것 같다.

　옛날에는 장가나 시집 가지 않은 사람을 대개 아이라고 했으니 오늘날에 비하면 좀 어폐가 있다. 여기에서는 유아로부터 초등학생, 중학생, 고등학생을 통틀어 아이라고 부를 것이다. 유아기로부터 시작하여 고등학교를 마치고 대학 입시를 치를 나이가 보편적으로 아이가 된다.

　이 시기에 아이들은 공부를 가장 열심히 해야만 할 때이다. 지식을 넓히는 한편 좀더 좋은 대학에 들어가고 사회에 진출하여 유리한 위치를 선점하기 위해서는 기초가 매우 중요하기 때문이다. 초등학교 때부터 중, 고등학교 때의 공부는 대단히 중요하다. 이때 공부를 잘하면 대학이나 사회에 나와 취직 시험에도 무난히 통과할 수 있기 때문이다.

그러나 아이 때 놀기 좋아하여 책을 멀리하고 게을리한다면 대학에 갈 때에도 큰 낭패를 당하게 된다. 수능시험에서 좋은 성적을 받지 못하면 좋은 대학에 가지 못하게 될 것이 뻔하다.

지금 필자가 이 글을 쓰고 있는 사이도 수능시험에서 부정을 저지른 젊은 아이들을 사법 당국이 구속한다고 하여 나라가 온통 벌집 쑤셔 놓은 것마냥 요란하다. 왜 열심히 공부에 전념하여 성적을 올리지 못했는지, 부모는 부모대로 아이를 제대로 가르치지 못했냐는 생각이 든다.

하지만 이보다 공부를 하려는 의지는 있지만 머리 속에 들어가지 않는 경우가 더 많을 것이다. 아무리 공부를 하려고 해도 머리 속에 남지 않고 성적이 오르지 않는 아이들, 이 아이들을 위해서 풍수적으로 공부가 잘 되고 성적이 오르는 방법이 매우 중요하다.

풍수는 집의 전체적인 방위상 결함이 영향을 미친다고 하지만 부모들은 아이방이 중요성을 다시 한 번 깨달아야 한다. 단순히 미신이라고 생각할지 모르겠지만 풍수의 방위학이나 태어날 때부터 가지고 나오는 자기 별의 기운을 한층 결부시켜 공부를 한다면 반드시 성적이 오르게 된다. 공부방은 아이의 성격은 말할 것도 없고 학습 능률과 건강에까지 영향을 미친다. 공부방을 꾸미는 일은 아이 스스로 할 수 없는 일이므로 부모가 협력하여 결정해 주는 것이 옳다. 양택 풍수에 쓰이는 방위를 고려해서 연령에 맞게 결정하는 것이 가장 중요한 일 중 하나이다.

예를 들어보면 햇볕이 잘 드는 남쪽 공부방은 활기와 생기를 공급해 주어서 유아나 초등학생 등의 어린아이에게는 이롭다. 아이는 호기심이 왕성해지고 교우관계도 원만해진다. 성격이 밝으며 창조적인 사고를 가진다.

그러나 중학생이 된 이후에 이 남방위의 공부방은 별로 좋지 않다. 활기가 지나쳐 공부에 집중하기가 힘들고 어느새 공부보다는 이성 교제에 관심을 돌리게 된다. 이때는 사고력을 깊게 해주는 북쪽이 더 좋다.

이렇게 초등학생, 중학생, 고등학생 등 나이에 따라 방위가 달라질 수가 있다. 그러나 집안 사정이 여의치 않아 남쪽을 그대로 사용해야 한다면 커튼이나 블라인드로 창을 가려주는 것이 좋다. 강한 햇볕을 약하게 차단하는 것이다.

그러나 한번 아이방이라고 정하여 성인으로 성장할 때까지 그대로 사용한다면 이 아이는 공부에 흥미를 잃고 성적도 떨어져 엉뚱한 길을 걷게 된다. 이럴 때는 벽지를 다소 어두운 색으로 바꾸고 가구나 침대도 진한 청회색으로 바꾸는 것이 도움이 된다. 또 수능 시험을 보거나 대학에 들어가는 17~19세의 고등학교 졸업반 아이라면 북쪽을 공부방으로 사용해야 성적도 오를 수 있다. 북쪽은 방위학적으로 차분하고 주의력이 깊어지며 성숙한 가치관을 유도한다. 이 북쪽 방위는 감방(坎方)이라 하며 이 감괘는 겨울에 속하고 숨은 사람이라는 상징성이 있다. 다시 말하면 은밀한 곳을 나타낸다. 따라서 외부에 대한 관심을 끊고 차분하게 수험 공부에만 열중하고 매달리게 한다.

이 북쪽 방위를 공부방으로 배정할 경우에는 북서 계절풍의 한랭한 바람과 습기를 적절하게 방어해야 한다. 그러면 어린 중학생의 경우라도 정신 집중이 잘 이루어지고 학습 능률이 자연적으로 오르게 된다.

다시 정리를 해 보면 공부방을 택할 때에는 먼저 아이의 성격과 총명함 등을 잘 살피고 그 아이에 맞도록 공부방을 선정하는 것이 중요하다. 이렇게 하나하나 세심하게 관심을 기울여 아이가 환경과 잘 어울리는지 살펴야 한다.

아이와 건강

5실(五實)과 5허(五虛)

풍수에 있어서 중요시하는 것은 5실과 5허이다. 실(實)이란 '강하다'는 뜻이고 허(虛)라고 하는 것은 '약하다', '쇠퇴하다'라는 뜻이다. 즉 실은 경제적으로 윤택(潤澤)하다는 것이고 허는 궁핍하다는 뜻이기도 하다.

주택이나 건물에 있어서도 실과 허를 살피게 되는데 아래와 같다.

『황제택경(黃帝宅經)』이란 글에서 보면

5실(五實)

· 집은 작고 아담한데 비해 그곳에 살고 있는 사람들이 아주 많은 경우

· 집의 규모는 크고 거기에 비해 대문(出入門)은 작은 경우

· 집 주변으로 흐르는 물길이 동남방으로 향하는 경우

· 담장이나 울타리가 단정하고 바르게 세워져 있는 경우

· 집의 나무(庭園樹)나 화초가 잘 자라고 가축이 많은 경우

5허(五虛)

· 집의 규모에 비해 사람이 적은 경우

· 집은 자그마한데 대문만 크고 높이 솟아 있는 경우

· 담장이나 울타리가 어느 한쪽이 부서지거나 무너져 똑바로 세워져 있지 않은 경우

· 집은 작고 마당이나 뜰은 큰 경우

한방에서 인체(人體)를 보는 실허 분별방법

실(實)

· 키가 작은데 비해 뚱뚱하고 배가 튀어나온 사람

· 얼굴이 항상 불쾌하고 검은 사람

· 대변이 항상 단단하고 굳은 변을 보는 사람

· 조금만 높아도 숨이 차는 사람

· 걷기를 싫어하는 사람

허(虛)

· 키가 큰데 비해 몸이 외소하고 바짝 마른 사람

- 몸 크기는 보통이나 땀을 잘 흘리고 살갗이 흰 사람
- 잠이 굉장히 많고 일어나기 싫어하며 풀솜처럼 자주 너부러지는 사람
- 무엇을 먹든 잘 체하고 설사를 자주 하는 사람
- 빈혈 증세가 있고 자주 어지럽다는 사람

요즘과 달리 필자가 어렸을 때만 해도 아이를 건강하게 키우는 것이 매우 어려웠다. 시골은 더 말할 나위가 없었다. 요즘처럼 의료 시설이 좋은 것도 아니고 아이가 아프면 침을 맞거나 약을 달여 먹여서 치료하는 것이 고작이므로 사망률 또한 높았다.

유아기 아이는 홍역을 치른 뒤에야 호적에 올렸으니 실제 나이와 호적 나이가 다른 사람이 비일비재했다. 거기에 비한다면 요즘 아이들은 좋은 세상에 태어났다고 할 수 있다. 그러나 이처럼 좋은 환경에서도 태어날 때부터 허약하여 병원 문턱을 자주 넘나들고 부모 속을 태우는 아이들도 없지 않다. 또 선천성 질병을 가지고 태어나거나 희귀병을 앓아 부모는 말할 것도 없고 온가족이 근심 걱정으로 우울하게 지나는 집도 있기 마련이다.

감기로 고생하다가 폐렴으로 전이되기도 하고 새집으로 이사간 후 아이가 아토피성 피부병을 앓아 걱정과 근심에 쌓이기도 한다. 또 침대에서 굴러떨어지고 계단에서 넘어져 골절을 당하는 일도 있다. 이처럼 건강하지 못하고 불운을 겪게 되는 것은 모두 흉운 때문이라고 할 수 있다.

현대는 과학만능 시대라고는 하지만 반대로 과거에 없었던 병들

이 많이 생겨난 것은 인간 스스로 저질러온 인과응보라고 할 수 있을 것이다. 각종 오염으로 황폐화된 이 공간에 사는 우리는 그 결과로 무서운 질병에 시달리지 않을 수 없다.

그러나 부모 마음은 한결같아서 자식이 건강하지 못하면 자식과 함께 앓는다는 말이 있듯이 하루하루 가슴 아파하고 괴로움을 당한다. 가족이 건강하다면 더없이 행복한 일이 아닐 수 없다. 특히 집안의 아이들이 건강하게 무럭무럭 자라고 있다면 이 이상 다행스러운 일은 없을 것이다.

아무 탈없이 건강하고 열심히 공부를 잘한다면 더이상 바랄 것이 없을 것이다. 이렇게 건강하게 자라기 바란다면 사전 예방이 필요하다. 물론 풍수적 예방 말이다. 공부도 중요하지만 그보다 더 중요한 것은 아이의 건강이다. 공부를 못하는 것은 훗날 노력을 다하면 되는 것이지만 건강을 잃으면 모든 희망을 잃어버리는 결과가 되기 때문이다.

아이가 건강하지 못하다면 집안 화장실 때문일 경우도 있다

옛 우리네 집은 화장실을 측간(厠間)이라고 하여 집에서 멀리 떨어진 장소에 지었다. 멀리 떨어져 있으면 불편할 텐데 왜 그랬을까? 그것은 건강과 관련이 있었을 것이다. 환경이나 위생적인 면에서 생각해 보면 좋지 않은 냄새와 세균의 감염을 우려했을 것이다.

근래의 우리 주택이나 아파트 등에서는 화장실을 내부에 설치한다. 물론 화장실과 욕실을 따로 두는 가정도 있지만 대부분은 화장실과 욕실을 함께 사용한다. 화장실은 배설 장소이고 욕실은 몸의 때를 닦아 청결히 하는 곳이다. 그러므로 역시 오물임에는 틀림없다.

병을 앓을 때는 무엇보다 먼저 집안에 있는 화장실부터 살펴볼 필요가 있다. 화장실은 집안에서 가장 오염되기 쉬운 곳이기 때문이다. 화장실이 귀문(동북) 방향이나 이귀문(裏鬼門, 남서) 방위에 걸려 있다면 각별히 오염되지 않게 신경 써야 한다. 아침 저녁으로 깨끗하게 청소하고 나쁜 기가 머물지 못하도록 해야 한다.

화장실과 욕실이 방위적으로 좋지 않은 곳에 있다면 반드시 개선하는 것이 좋다. 화장실이 집안 중심에 있으면 흉이다. 집안의 중심은 매우 중요한데 이 집 중앙에 화장실이 있으면 온가족의 건강에 영향을 미친다.

특히 좋지 않은 방위인 남서(坤方), 동북(艮方)에 있으면 흉(凶)하다고 말한다. 집주인에게 대흉이다. 이 방위는 이귀문과 표귀문, 즉 귀신이 드나드는 문이라고 하여 대체적으로 좋지 않은 방위이다. 그러니 이 방위가 오염되어 청결하지 못하면 그 악귀는 바로 집주인에게 고스란히 재난을 안겨준다고 한다.

풍수학적으로 설명을 하면 화장실과 욕실은 수기(水氣)가 많은 곳이다. 반대로 서남과 동북은 토기(土氣)가 왕성한 장소라고 할 수가 있다. 5행적으로는 토극수(土克水)라고 하여 좋지 않게 나타난다. 그러니 가족의 건강에 좋을 리 없다.

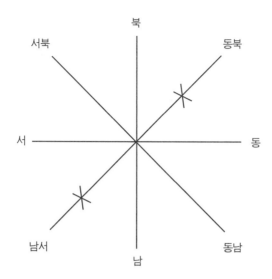

서남(坤), 동북(艮)에 화장실이 있으면 수기(水氣)가 많아서 흉방이다.
5행상 토(土) 방위는 피하는 것이 좋다.

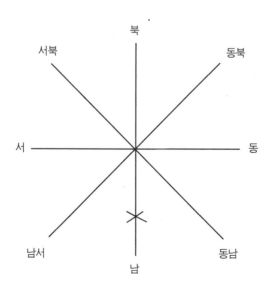

남쪽에 있는 화장실은 수기가 왕성할 뿐만 아니라 화기(火氣)가 강한 곳이므로 좋지 않
다.

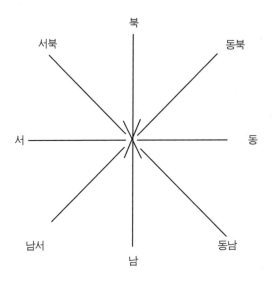

집의 중심에 있는 화장실도 수기가 많으므로 토기(土氣)를 피하는 것이 좋다.

화장실이 집에서 남쪽에 있어도 좋지 않다. 원래 남 방위는 화(火)
에 속한다. 더구나 화장실은 수기가 왕성한 곳이므로 오행상으로
수극화(水克火)가 된다. 그러므로 집안의 중심에서 남쪽에 있는 것
은 좋지 않다.

주방과 화장실이 마주보고 있는 것이나 욕실과 주방이 마주보고
있다면 이 또한 가족운은 물론 건강상에 좋지 않다는 사실을 명심
할 필요가 있다. 모든 액운의 시발은 화장실로부터 발생한다

특히 아이의 건강이 나빠졌다면 오염 여부를 다시 한 번 확인하
고 청결에 힘쓴다. 더더욱 조심해야 할 일은 아이방의 문과 화장실
문이 마주보는 경우로 이것처럼 좋지 않은 현상은 없다. 화장실의

흉기가 제일 먼저 아이방으로 들어올 수 있기 때문이다.

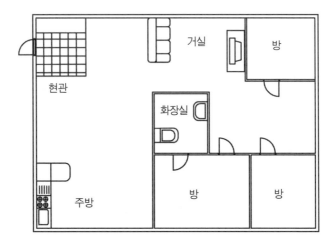

풍수학적으로 집의 중앙은 중요한 장소이다. 그러므로 주택 중앙에 있는 화장실은 피하는 것이 좋다.

그러므로 아이방과 화장실이 마주 바라보고 있다면 하루빨리 개선하는 것이 현명하다. 아이의 공부도, 어른의 출세도 건강해야만 달성할 수 있다. 그런 의미에서 일단 집운이 좋아야 공부도 잘하고 시험에도 통과할 수가 있으며 취직에도 무난하게 합격할 수가 있고 각종 지방의회나 국회의원도 당선이 가능하다.

바꾸기 어렵다면 인테리어를 이용해 흉액을 피하는 것이 좋다.

화장실 문 앞에 식물 화분을 놓거나 아이방 문 앞에 화분을 놓는 것도 하나의 방법이다. 그렇다고 화장실 청소를 하지 않아도 좋다는 것은 아니다. 청소는 청소대로 하되 인테리어로 흉운을 몰아내거나 붙지 않도록 조치해야 한다.

아이방이 북쪽에 있어서 햇볕이 들지 않고 집안 전체가 어둡다

북쪽이 공부에 좋다고 하여 아이방으로 정한 집이 있었다. 이 집은 10층짜리 아파트였는데 8층에 위치한 집이었다. 북쪽으로 난 창문이 하나 있었지만 건너 동의 건물이 가로막고 있어서 집 전체가 어두웠다.

그 북쪽 아이방은 초등학교 5학년이던 장남이 사용했다. 이사온 지 2개월밖에 되지 않은 어느 날 운동 시간에 축구를 하다가 그만 발을 다치게 되었다. 그후로 여러 날 동안 학교도 가지 못하고 결석을 하고 있었다.

집에 들어가 보니 아이방은 고사하고 집안 전체가 어두웠다. 앞건물에 가리워져서 이 집의 기운을 덮고 있는 것이었다. 나는 아이를 다른 집으로 잠시 피접을 시키도록 하고 일주일쯤 지나 다시 찾아가 보니 신기하게도 아이는 다 나아 있었다.

이 아이의 손상은 바로 앞집이 아이방을 막고 있었기 때문이었다.

아이방에서 가까운 보일러실과 욕실의 오염

중학생인 아들이 허리가 아파서 꼼짝달싹 못한다는 전화를 받고 그 집안을 둘러보았더니 아이방에서 가까운 곳에 보일러실이 있고 욕실도 같은 방향에 있었다. 보일러실에 들어가 보니 청소를 언제 했는지 여기저기 먼지가 쌓여 있었다.

욕실도 살펴보았더니 무척 지저분하고 서남쪽으로 작은 창문이 하나 있었지만 손이 닿지 않아서 청소할 엄두를 내지 못하는 듯했다. 욕탕 주변에는 머리카락이며 목욕 도구들이 너절하게 널부러져 있었다. 바닥 역시 청결과는 거리가 멀었다.

아이 허리가 아픈 것은 이 때문이라고 단번에 알 수 있었다. 오염된 곳을 찾아내어 깨끗하게 청소한 후로 아이는 곧 일어났고 학교에 잘 다닌다는 소식을 들었다. 특히 욕실을 청소한 후에 꽃을 장식하고 아침 저녁으로 바꾸어 꽂아두라고 일러준 것이 주효한 것 같았다.

15살 장남이 허약 체질로 고생할 때

태어날 때부터 허약 체질이어서 병원 신세를 면치 못하는 아이가 있었다. 1년 365일 감기도 떠날 날이 없었다. 몸이 약하고 감기까지 달고 있으니 공부인들 될 리가 만무하다. 병원에 가보아도 허약 체질을 탓할 뿐 다른 병은 없다고 했다.

필자는 원인을 찾아 집안을 이리저리 살펴보니 역시 화장실에 문제가 있었다. 이 집은 화장실이 동쪽에 있었는데 나경으로 정확한 위치를 살폈더니 정중선상에 있었다. 흉상이다. 동쪽은 두말할 것 없이 집 장남의 방위이다. 이 장남이 화장실에 눌려 있으니 건강에 해가 있을 수밖에 없다.

화장실을 개선하라고 당부하고 한 달 가량 되었을까, 전화가 왔다. 아이가 몰라보게 건강해졌고 밥도 한 그릇씩 먹는다는 것이었다. 학교도 열심히 다닌다는 이야기를 듣고 필자 역시 신통하다는 생각을 하게 되었다. 아이방을 햇볕이 잘 들어오는 쪽에 주라고 당부하고서 전화를 끊었다.

책상을 북쪽에 놓자 날뛰던 아이가 공부에 몰두하는 모습으로 변했다

남자 중학교 3학년에 재학중인 학생의 집을 찾아갔다.

2층의 동남쪽에 아이방이 있고 책상은 동쪽에 놓여져 있었다. 이 동남 방위는 여자에게는 좋은 인연이 있는 방위로 알려져 있다. 남자가 이 방위에 머물더라도 별 문제는 없다.

그러나 공부할 시기에 있는 아들이라면 좋다고 할 수 없는 방이다. 아이는 밝고 명랑하다고 알려져 있으나 다만 고삐 풀린 망아지처럼 천방지축이라는 소리를 듣는다. 침착성이 없다고 할 수 있다.

이 때문에 책상을 북쪽으로 두라고 지시했다. 그러자 그때부터 얌

전해지고 공부에 집중하는 것이었다. 아이방의 남쪽에 텔레비전이 있어서 자칫 공부에 흥미를 잃고 여기에만 열중할까 염려되었다. 그리하여 서쪽 다른 방으로 옮기게 하고 꽃병에 꽃을 꽂아 책상 위에 놓으라고 일러주었다. 아이는 이때부터 공부벌레로 바뀌었다.

성적을 올리기 위한 아이방의 조건

평소 꾸준하게 열심히 공부한다면 더이상 바랄 것이 없을 것이다. 그러나 지나치게 놀이에만 열중하여 공부에는 도통 취미가 없고 시험 때만 되면 벼락치기로 공부를 하는 아이들도 우리 주변에는 많다. 하지만 좋은 성적을 얻고 싶은 것이 어디 한둘의 욕심인가.

공부를 위해서 조용한 절간이나 고시촌으로 들어가는 경우도 있다. 집안에 있으면 여러 가지 일에 신경이 쓰이고 아무리 책을 들여다보아도 머리 속에 들어오지 않기 때문에 조용하고 안정된 곳으로 찾아가려는 의도일 것이다. 하지만 이런 경우는 긴 시간을 할애하여 국가고시를 준비하는 사람들에 해당하는 것이고 학교 시험 공부 같은 수험에 대비하기 위해서는 공부방을 제대로 꾸미는 것만으로 효과를 볼 수 있을 것이다.

대개 아이들의 방은 공부방이자 침실로 사용하는 경우가 많으므로 이때 어떤 방식으로 꾸미면 성적이 쑥쑥 올라갈 수 있는지 살펴보자.

공부를 하기 위해서는 일반적으로 방안에서 책상의 위치나 서재도 중요하지만 무엇보다 휴식을 취한 후 다시 책상 앞에 앉게 되므로 잠을 자는 위치만큼 중요한 곳은 없다. 그래서 풍수적으로는 잠자리의 위치나 여건이 중요시된다.

__ 공부하는 방의 방위가 중요하다.

__ 침실이 중요하다.

__ 공부하는 책상의 위치가 중요다.

__ 인테리어가 중요하다.

__ 영양이 중요하다.

이상의 6가지를 하나하나 체크해 나가면 반드시 좋은 성적으로 합격의 영광을 얻을 수 있을 것이다.

우선 집중력을 향상시키려면 침대는 북서쪽을 향해 놓고 자는 것이 제일 좋다. 침대는 북서쪽, 책상은 남쪽으로 둔다. 남쪽은 오행 중 화(火)에 속하므로 이 기가 있는 남쪽에 둔다. 책상 위에는 스탠드를 놓기 마련인데 흰색 형광등이 좋다. 이외 공부와 관계되는 책장(책꽂이) 역시 남쪽에 두도록 한다. 책꽂이의 책은 되도록 가지런하게 꽂아두고 쉽게 찾아볼 수 있도록 꼼꼼히 정리한다. 뒤죽박죽 꽂아두면 기의 흐름을 막아서 공부에 지장을 준다.

잠을 잘 때는 머리를 동쪽이나 동남쪽, 남쪽을 향한다. 방안에는 엷은 보라색이나 빨간색 카펫을 깔아놓는 것이 좋다. 카펫을 깔지 않을 경우에는 의자 위에 이 색깔의 방석을 깔면 공부가 훨씬 잘 된다. 기를 충만하게 하여 영감이나 직감력이 훨씬 강해지기 때문에 공부가 잘 되는 것이다. 이 영감을 지속적으로 이용하려면 아무래도 동쪽의 기가 좋다.

동쪽 기를 끌여들이는 방법은 남쪽을 향해 놓은 책상의 오른쪽에 나무로 된 스탠드를 놓아두면 그것이 바로 동쪽이 된다. 이렇게 동쪽 기운을 많이 이용하는 것이 좋다. 오전 5시에서 7시 사이가 가장 머리가 청명하고 직감도가 높으므로 이 시간에 집중적으로 공부하는 것이 좋다. 시간이 없다고 밤을 새워가며 공부하기보다는 잠자리에 일찍 들었다가 새벽 시간에 일어나서 하는 것이 더욱 효과적이다.

색깔은 방안 분위기상 파란색과 분홍, 빨간색으로 분위기를 흐리지 않도록 한다. 즉 부드러운 색상이 좋다. 다음으로 수험 공부는 단기간에 집중력이 필요한 것이므로 방문을 열자마자 아이의 전면이 들어나도록 책상을 놓는 것이 좋다. 하지만 문에서 아이가 정면으로 보여서는 안 된다. 뒤돌아 앉아서도 좋지 않고 옆으로 한눈에 볼 수 있도록 자리를 정해야만 한다. 마지막으로 침대 시트는 크림색이나 노란색 계통이 좋다.

이상은 초등학생이나 중학생에게 어울리는 공부방의 조건이다. 고등학생의 공부방은 이와 약간 다른 것이 좋다. 즉 수험생의 공부방으로는 북쪽이 좋다. 차분해지고 두뇌가 맑아지기 때문이다. 그러나 이 방위는 어디까지나 활발한 아이일 경우이고 침울한 성격의 아이일 경우는 피하는 편이 좋다. 왜냐하면 더욱 침울한 성격으로 변할 수 있기 때문이다.

다시 한 번 정리해 보자.

＿ 책꽂이에는 단정하고 나란히 책을 꽂아둔다

＿ 침대는 출입문을 향해서 배치하는 것이 좋다. 방향이 창문 쪽에 있으면 두뇌에 좋다. 동쪽 벽에는 초록색이 많이 들어 있는 여름 풍경화나 나무와 숲 그림을 걸어두면 공부에 집중하게 될 것이다.

＿ 현관에서 보아 왼쪽 방을 정하도록 하는 것이 좋다. 이 왼쪽은 침착하면서도 면밀한 작용을 이루어준다고 할 수 있다. 때문에 성격이 급하거나 참을성이 없는 아이에게 적합하다. 이같은 방안에서 생활하고 공부하게 되면 얌전해지면서 학교 성적이 오르게 된다. 이 방위는 중고생의 큰 아이들보다 초등학생에게 더욱 좋다고 할 수 있다. ·

학년별 공부방의 위치

　가상학이라 하기도 하는 양택 풍수에 있어서는 어린시절의 거주지, 즉 주거 환경이 아이에게 절대적인 영향을 미친다고 본다. 앞에서도 대략 설명을 했지만 집이나 방의 풍수학적 영향력은 절대적이다.

　예를 들어 형제가 같은 질병으로 고생을 하면 흔히 유전 운운하게 된다. 물론 유전에 의한 것도 있을 테지만 환경이 같기 때문에 그렇다고 보는 것이 더 옳겠다.

　만약 동쪽에 결함이 있는 집에서 함께 자란 형제는 성인이 되고 난 후에도 동쪽 방위가 상징되는 간(肝)이 나빠 질환을 앓게 될 확률이 높다. 이 경우 어느 정도 체질이 같으므로 유전성이라고 생각하기 쉽다. 그러나 풍수적으로 살펴보면 동쪽의 흉기가 이 형제의 몸에 미쳤다고 하게 된다. 그러니 이것은 환경의 영향이라고 본다.

　같은 방, 같은 방향에서 공부를 하고 또 같은 쪽에 놓여 있는 침대에 같은 방향으로 머리를 두고 잠을 자기 때문인 것이다. 다시 말하면 생활 환경이 똑같기 때문에 생긴 것이라고 할 수가 있다. 그러므로 한 집에서 더구나 한 방에 기거하면서 똑같은 병을 앓는다면 환경이 같기 때문에 생겨나는 것이라 하여도 과언은 아닐 것이다.

이로 미루어 이 집의 방 뒤쪽에 외형상 실제로 결함이 있다면 이 방에 들어 있는 아이는 흉상의 영향을 받게 된다. 이때는 아이의 성적을 올리려 해도 오르지 않는다. 그러므로 사전에 찾아서 개선해 줄 필요가 있다. 아이방 환경은 물론 집안 환경까지 세심하게 살펴볼 필요가 있다.

질병이 생겨 병원에 찾아가면 의사는 환자나 가족의 이야기를 자세히 듣고 각종 검사를 거쳐 병명을 밝히고 그 원인을 찾아 처방을 하는 것과 같이 풍수도 나쁜 원인을 찾고 이것을 해결해 주는 일, 이것이 가장 중요하다.

아이가 공부를 싫어하거나 못한다면 그 원인을 찾아내야 한다. 환경이 아이에게 맞지 않는다면 빨리 고쳐주는 것이 옳다. 아이가 공부하는 방은 그 아이의 성격이나 건강, 학습 능률에 영향을 미치는 원인을 만들어 내고 있다.

유치원생이나 초등학생은 남쪽, 중고생은 북쪽

초등학생으로부터 대학생에 이르기까지 공부하는 방법은 각각

다르기 마련이다. 공부방은 대개 학년별 수준별로 다르고 혹은 스스로나 아니면 부모가 결정하여 꾸미게 될 것이다. 여기서 가장 중요한 것은 자녀의 성장 속도에 걸맞게 방을 정해야만 한다는 것이다.

유치원이나 초등학교 시절에 공부방으로 정한 것을 고등학교 졸업 때까지 또는 대학생이 되어서까지 그 방을 그대로 사용한다면 이는 매우 잘못된 것이다. 자녀의 성장에 따라 그에 맞는 방위를 선택하여 옮겨야만 능률도 오르고 성적도 오르게 된다.

그뿐만 아니고 고등학교 졸업반 아이들이나 재수생들은 수능 시험이나 본고사의 성적에 따라 합격이 되느냐 마느냐라는 기로에 서게 된다. 이러한 난관을 극복하기 위해서는 풍수가 일러주는 방위에 앉아 공부하면 틀림없이 좋은 성적으로 목적을 달성하게 될 것이다.

지금 한참 자라나는 새싹이라고 할 수 있는 유치원생이나 초등학생은 아무래도 남쪽에 있는 공부방이 좋다고 할 수 있다. 남쪽이라고 하면 따뜻한 여름 나라 남국을 떠올리게 되고 활기와 생기를 느끼게 된다. 지혜와 능력도 이와 다를 것이 없다.

이때는 호기심도 많고, 사교적으로 교우 관계를 넓히고 성격도 밝아 창조적인 사고를 길러내는 시기이다. 그런데 중학생 이상이 되면 이 남쪽의 공부방은 별로 바람직하지 않게 된다. 아이는 점차 신체적 변화가 오고 공부보다는 오히려 이성에 더 큰 관심을 가지게 되기 때문이다. 또한 어린 학생이라 하더라도 자연히 주의가 산만하고 과잉 행동이 일어나기 일쑤이다.

이런 경우에는 오히려 사고력을 깊게 하는 북쪽에 공부방을 선택하는 것이 더욱 현명한 일이다. 어쩔수 없이 남쪽 방을 그대로 사용해야 할 경우에는 창문에 차단막이나 커튼을 이용하여 남쪽에서 오는 지나치게 강한 기를 억제시켜 주는 것이 좋다. 그리고 방안의 색상을 좀 어둡게 하는 등 방위에 대한 처방을 마련 해야 한다.

대학 입시를 보게 되는 고등학생이 되면 북쪽의 공부방을 사용하는 것이 원칙이다. 이 북쪽이 성격적으로 차분해지고 주의력이 깊어지면서 성숙한 가치관을 갖게 하기 때문이다.

8괘에서 방위상으로 이 북쪽은 자방(子方)인데다가 감방(坎方)에 속한다. 감괘는 계절로 보면 겨울에 속한다. 겨울은 바람이 불고 차갑다. 인물로 보면 숨은 사람, 그리고 중간 아들로 되어 있다. 상징적으로는 숨은 인물이라고 하였으니 숨은 인물은 큰 인물이라는 뜻이다. 그러므로 외부에 대한 관심을 끊고 오로지 수험 공부에만 매달려야 한다.

수험에만 열중해야 할 학생에게 이 북쪽을 일종의 아지트가 될 수 있다. 그러나 북쪽 방위에 공부방을 배정하였을 경우에는 반드시 주의할 점이 있다. 차가운 한랭풍이 불고 있으므로 적절한 방어가 필요한 것이다.

차가운 것과 습기를 방어할 수 있도록 적절하게 온도를 유지하는 일 말이다. 만일 어린 유치원생이거나 초등학생이더라도 정신 집중이 안 되고 공부를 하지 못한다면 이 방위에 거처하게 하며 책상을 놓는다. 그렇게 하면 성격을 차분하게 고치고 반드시 학습 능력도 향상되게 할 수 있을 것이다.

공부방 인테리어

중학교를 졸업하고 고등학교에 진학하면 어느 정도 아이의 소질이나 재능이 밖으로 표출하게 된다. 그뿐만 아니라 성격도 굳어지게 된다. 그러면 방이나 서재 역시 그 성격에 어울리게 인테리어를 해주는 것이 옳다.

먼저 이 아이방은 북쪽이 최적으로 알려져 있으나 소질과 성격에 따라 공부방의 인테리어를 해주는 것이 원칙이다. 무리하게 성적을 올리려 지나치게 공부에만 매달린다면 건강을 해치는 것은 불을 보듯 뻔한 일이다.

그런 의미에서 동쪽 방위는 아이에게 건강과 성실한 결단력을 준다. 평소 활발하지 못하고 침울하며 지나치게 얌전하다면 동쪽 벽에 그림을 걸거나 그 아래 관엽 식물을 놓아서 성격을 바로 잡아주면 공부가 잘 된다.

남동쪽 방위는 협조성이나 사회성과 관련이 있어서 방위에 날개를 달아주면 좋다.

서쪽은 좋을 수도 나쁠 수도 있는데 애정이 결핍되어 있고 사랑에 목말라 하는 아이는 부드러운 성격으로 만들 수 있다. 잘못하면 어리광을 부리는 마마보이를 만들 수 있으므로 각별히 유의해야 한다.

북동쪽은 좋지 않다. 귀문(鬼門)방이라고 하여 혐오와 공포심이 있어 주체성을 잃어버릴 수가 있다.

남쪽은 볕이 잘 들기는 하지만 아이의 성격에 따라 마음이 들떠서 공부에 집중하지 못하는 경향이 있다.

남서쪽은 끈기가 없는 아이로 만들 수가 있고, 건강에도 별로 좋지 않다.

북서쪽은 공주병이나 왕자병으로 만들 수가 있다. 공부방의 환경을 인테리어로 개선시켜 주면 성격도 고치고 의외로 공부도 잘하며 자신이 소망하는 학교에도 무난하게 합격할 수가 있을 것이다.

고등학생이라면 북쪽 방에서 차분하게 공부하도록 한다. 이 아이의 책상은 10년이 지나도 끄떡없이 시용할 수 있는 단단한 목재가 원칙이다. 책상 위에는 반드시 스탠드를 놓도록 한다. 스탠드는 기운을 불러들일 수 있기 때문이다. 책상 위는 지저분하고 너절하게 책이나 노트를 함부로 흩어놓아서는 안 된다.

책은 항상 책꽂이에 꽂아놓아야 하며 자주 펴보는 책이라면 덮어서 가지런하고 단정하게 정리하여 책상 위에 놓는다. 또 공부를 하다가 노트나 연필, 지우개 등을 너절하게 펼쳐놓아서도 안 된다.

책상 위에는 꽃병에 꽃을 꽂아놓거나 책상 밑에 관엽식물을 놓아두면 아이의 마음을 안정시켜 준다. 또 이 꽃이나 식물들로 인하여 눈의 피로를 풀어줄 뿐만 아니라 오랫동안 책상 앞에 앉아 있어도 공부가 머리에 잘 들어온다.

의자 위에 놓는 방석은 지나치게 화려한 색상은 삼가야 한다. 남자 아이라면 청색, 여자 아이라면 이보다 엷은 녹색이 좋다. 책꽂이는 서쪽에 놓도록 하고 장남감이 있으면 동남쪽에 두도록 한다.

가구는 상처가 잘 나지 않는 소재를 고른다. 동쪽과 남쪽에 창문이 있으면 따뜻한 색상의 꽃무늬 커튼을 치면 도전하는 파워를 만들 수가 있다.

좀 느슨하고 게으른 아이는 세로줄 무늬가 있는 커튼을 치면 성적을 올릴 수 있다. 사선줄 무늬는 산만하게 정신을 흩어놓아 공부에 방해가 된다.

여자아이일 경우 바닥의 카펫은 꽃무늬가 좋고, 사내 아이일 경우 줄무늬가 공부에 좋다. 그리고 일반적으로는 아이들 공부방은 햇빛이 잘 드는 방이 좋으나 지나치게 강한 햇빛은 좋지 않다. 그러므로 커튼을 치는 것이 좋다. 지나치게 강열한 햇빛은 아이의 정신을 용수처럼 튀어 오르게 해서 침착성을 잃게 만든다. 마음이 들뜨게 되면 자연히 공부가 안 되는 것이 사실이다.

대부분의 아이는 공부방을 가지고 있지만 아이의 성적을 올리고 시험에 합격하기를 바란다면 되도록 넓은 공간이 좋다. 그리고 만약 성적이 떨어졌다고 하여 모욕적 언사로 나무라거나 다른 아이와 비교한다면 아이에게 상처가 되므로 삼가야 한다. 그런 언사를 취한다고 하여 성적이 오르는 것도 아니다.

그보다는 '그 정도면 잘한 거야. 조금만 더 열심히 하면 성적이

쑥 오를 거야', '꼭 합격할 거야 !' 라는 위로나 격려의 말이 오히려 효과적이다. 그러나 계속해서 성적이 오르지 않을 때는 공부방 배치를 바꾸어 주면 실력은 몰라보게 향상될 수 있을 것이다.

학과와 장래 직업에 좋은 방위

현재의 우리나라 교육 제도는 옛날과 많은 차이가 있다. 예전의 대학 입시는 원하는 학교에 가서 시험을 보았지만 요즘에는 수능시험이나 수시에 따라 학교에 들어갈 수 있는 자격이 부여된다. 이 때문에 학교 성적은 물론 수능시험을 잘 봐야만 자신이 들어가고자 하는 대학에 원서를 낼 수가 있다. 필자에게는 참으로 번거로운 방식처럼 여겨진다.

그러나 수능을 잘 보았더라도 자신이 가고자 하는 학교에서 실시하는 논술이나 면접에서 형편없는 점수를 받는다면 합격은 물 건너가게 될 것이다. 물론 수능시험을 잘 보아 대학에 응시하는 자격이 부여되어야 가능한 일이지만 말이다. 이 수능시험으로 수많은 동점자가 생겨나고 대학 본고사에서는 단 1점 차이로도 당락을 좌우하게 되므로 눈치 작전이라는 진풍경이 벌어지기도 한다.

이러한 입학시험이나 직업에도 풍수는 영향을 미친다. 풍수는 자신이 머물고 있는 집에서 방위에 따라 유리한 직업이 있다. 이 때문에 먼저 자기가 가고자 하는 학교와 학과가 풍수상 맞는지 맞지 않는지부터 살펴야 한다. 맞는다면 가능한 한 이 방위의 학교로 지원서를 내면 합격을 할 수 있다. 그 방위의 기가 강하기 때문에 도움이 되는 것이다. 우선 방위적으로 좋은 직업이 정해져 있으므로 살펴보도록 한다.

북쪽

주류업(판매업, 제조업 모두 가능), 수산물 판매업(횟집도 무방), 상하수도 관련 공사나 관리업, 유흥업, 철학자, 승려, 외교관을 상징한다. 그러므로 수산대, 공대 기계과, 철학과, 종교대학, 외교학과 등을 지망하고자 한다면 이 북쪽 방위에 대하여 일단 고려해 볼 필요가 있다.

북동쪽

건축업, 요식업, 부동산 중개업, 보험 영업소
공대 건축학과, 상경대 보험학과, 식품영양학과 지망생은 집에서 북동쪽에 학교가 있으면 합격률이 높다.

동쪽

전기 기술자, 전기재료 판매, 통신 관계, 과일 가게, 수목원, 성악가, 전기·폭약 기술자, 엔진 기술자
전기 전자학과, 음대 성악과 등이 좋다.

남동쪽

목재소, 제지공장, 여행사, 운수업, 오퍼상, 조선 선박업

무역학과, 임산 가공학과, 항공학과, 무역학과, 선박학과, 관광학과 등을 지망하면 합격 가능성이 높다.

남쪽

출판이나 인쇄업, 법률 관련 종사자, 배우나 탤런트, 연애인 매니저, 발명가, 언론가, 기자, 간호사, 농부, 곡물 생산이나 판매업이 좋다.

물리학과, 미술학과, 법학과, 사진학과, 신문방송학과, 미용학과, 문헌정보학과, 광고학과 등에 기를 받으면 합격률이 높다.

남서쪽

산부인과 의사, 보육원, 놀이방, 조산원, 간호사

의대 산부인과, 보육학과, 간호학과 등에 지망하면 기대에 어그러지지 않는다.

서쪽

철물점, 금속 가구점, 유흥업소 출연자, 목욕탕업, 치과 의사, 금융업, 증권업자

음악과, 연극 영화과, 체육과, 치과 대학을 지망한다면 좋은 효과를 얻을 수가 있다.

북서쪽

단체장, 사장, 최고 경영주, 정치가, 군인

상경대 경영학과, 정치학, 육해공군 사관학교, 경찰학교, 종교학과

등에 지망하면 합격률이 높다.

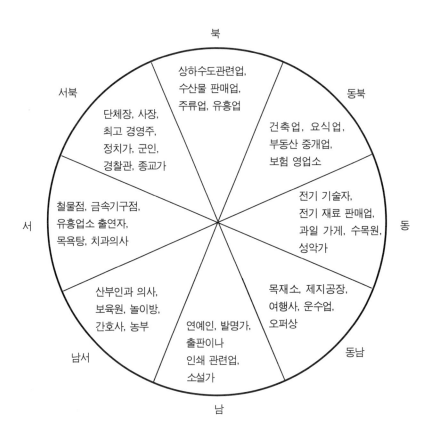

직업별 지망학교, 학과

자신의 성격과 가고자 하는 대학, 그리고 미래의 직업에 관련된 학과 등이 위와 같은 방위에 있다면 합격률이 훨씬 높다. 그러므로 미리 합격할 수 있는 학과인지를 확인해 보고 지망하는 것도 좋은 방법이다.

예를 들어보자. 대학 입시를 앞둔 학생이나 방송국 또는 광고 회사에 입사를 준비하는 사람은 집안의 공간 중 동쪽이 주로 전파를 타는 방위이므로 이 동쪽 방위에 시험을 치르면 합격할 확률이 높다. 즉 동쪽의 기운을 자신의 운에 합하여 이용하는 것이다.

연구원이나 의사, 약사, 엔지니어, 건축 설계 등의 시험을 앞두고 있거나 이 방면으로 취업할 사람이라면 자신의 방 동쪽이나 남쪽으로 창문이 나 있으면 운세가 더욱 상승할 수 있다. 만약 동쪽에 창문이 없다면 그 벽에 아름다운 동화가 그려진 액자나 달력 등을 걸어서 장식을 하면 기를 모으게 되므로 합격률이 훨씬 더 높다. 그리고 남쪽에 창문이 없다면 스탠드 불을 밝히면 창문 대신 기를 얻을 수가 있다.

이것 못지않게 책상을 놓는 것도 중요하다. 책상은 동쪽이나 남쪽 방위에 놓고 책을 읽을 때 역시 남쪽이나 동쪽을 향해 읽으면 방위의 기를 훨씬 많이 받아 이롭다. 책상 위에 필기 도구도 놓으면 좋은데 펜, 메모지, 연습장도 책상 중앙에 함께 놓도록 한다.

원하는 대학에 기필코 입학하고 싶다

　미래의 직업을 위해서 꼭 들어가고 싶은 대학이 있을 것이다. 이 때는 우선 방문이 바라다보이는 위치에서 수험생의 책상을 놓도록 한다. 따라서 의자는 벽 쪽으로 배치를 한다.

　방을 넓게 사용하기 위해서 책상의 앞쪽을 벽에 붙이고 의자를 방 중심으로 향하도록 배치하면(일반 가정에서 보면 대부분의 책상이 이렇게 놓여 있다) 방문을 열고 들어오는 부모와 학생의 얼굴이 마주치지 않게 된다. 이때는 부모가 학생의 심리 상태나 학습 태도를 파악하기 어렵게 된다.

　방문을 열자마자 학생의 전면을 바라보게 되어 있는 책상 배치는 자녀의 헛된 망상이나 느슨해진 심리 상태를 꿰뚫어볼 수가 있어서 긴장감을 더하게 하여 각오를 새롭게 하는 계기를 마련할 수도 있다. 그러나 정면으로 바로 대할 수 있게 배치하면 당황하기 일 쑤이므로 약간 비껴앉는 편이 좋다고 주장하는 이도 있다.

　수험생에게는 심신을 차분하게 가라앉히고 공부에만 매진하도록 돕는 북쪽이나 북동쪽 방위의 방이 좋다. 이 두 개 방위 중에서 하나를 선택하여 방을 꾸미도록 한다. 실내 장식물이나 가구의 색상은 화려하거나 조잡해 보이지 않도록 신경을 쓴다. 단순하고 모노톤 분위기를 유지하는 장식물이나 가구 등이 정신 집중을 돕는다.

　여기서 한 가지 주의할 것은 대학 입시를 코 앞에 두고 성적을 올리거나 합격을 바라는 마음으로 방의 배치를 뜯어고친다면 이는 매우 잘못된 행동이다. 수험생 방의 실내 배치 효과는 적어도 1~2년이 경과해야 나타나므로 사전에 철저히 조사한 후에 인테리어를 바꾸어야 한다.

수험 기간 중 건강도 염두에 두어야만 할 것이므로 식사는 일반적인 식사를 하는 것이 좋다. 반찬은 대체로 생선이나 나물류와 같은 담백한 것을 먹으면 정신을 맑게 하고 기운을 얻을 수가 있다. 그리고 공부하는 방 동쪽이나 남쪽에 창문이 있다면 운세를 더 한층 상승시켜 준다. 즉 동쪽이나 남쪽의 에너지를 얻고 수험 공부를 한다면 훨씬 좋은 성적을 올려 합격률이 높아질 것이다.

만약 동쪽에 창문이 없고 벽으로 막혀 있다면 동쪽에 붉은 색깔이 많이 들어 있는 아름다운 동화 그림을 걸어두면 수험 공부가 잘된다. 열매 맺는 과일의 그림 액자도 좋다. 그리고 남쪽의 파워를 받으려면 책상 위나 남쪽 침대 옆 작은 탁자 위에 스탠드를 놓아 밝게 하면 남쪽 파워는 저절로 높아진다. 특히 대학 입시를 앞두고 공부를 할 때는 주로 동쪽이나 남쪽에 책상을 두고 책을 읽거나 암기를 하면 쏙쏙 머리에 잘 들어간다.

그리고 공부하는 방에서 잠을 잔다면 머리는 서쪽 벽으로 향하게 하고, 침대의 옆면은 북서쪽으로 향해 붙여서 자도록 한다. 침대 놓는 방향에 따라서 시험에 도움이 될 수 있기 때문이다. 침대의 시트는 녹색이나 엷은 미색이 좋다. 방 북동쪽에는 오디오나 텔레비전과 같은 전자 기기를 놓도록 한다. 책상은 남동쪽에 오도록 하는데 책상 위에는 알람시계인 탁상시계를 올려놓는 것이 좋다.

그리고 가장 중요한 것은 입학하고자 하는 학교나 합격 통지서 등을 항상 염두에 두면서 수험 공부를 하면 이것도 하나의 방편이 될 수 있다. 이미 합격되었다고 상상하면서 취미 용품이나 동물상(動物像), 팔괘형 거울, 문창탑 같은 것을 책상 위에 놓도록 한다.

그리고 시험보는 당일 입고 나갈 옷은 남서쪽 방향에서 꺼내 입도록 장이나 수납장을 넣어둔다. 이렇게 하면 시험에 관련된 행운의 기가 내몸에 꽉 들어차서 자신의 주변을 애워싸고 싸워주게 될 것이다.

또 하나 덧붙인다면 시험 당일 깨끗한 손수건을 하나 준비한다. 하얀색이나 그린색이면 더욱 좋다. 머리속이 깨끗하다는 의미가 될 수가 있기 때문이다.

수험 파워는 인테리어와 식사에 달려 있다

합격 여부의 변수는 공부방 인테리어와 시험 당일 부드럽고 간단한 식사를 하고 시험장에 나가는 일이다. 아침을 굶고 나가면 정신이 맑다는 의견도 있지만 좋지 않다.

여기서는 인문계와 이공계를 나누어 설명해 보자.

인문계

동쪽이 기본, 주로 동쪽의 파워를 받도록 한다.

책상을 방의 동쪽에 놓고, 그 책상 위에 반드시 스탠드를 올려놓도록 한다. 잠을 잘 때는 남침을 하도록 한다. 그리고 식사는 육식은 가급적 피하고 생선과 같은 담백한 것을 먹도록 한다.

시험장에 들어갈 때는 빨간색 볼펜이나 사인펜을 가지고 들어가서 책상 위 왼쪽에 놓고 답안지를 작성해 나가도록 한다. 또 빨간 손수건을 한 장 별도로 가져가는 것도 잊지 말아야 한다.

이공계

남쪽이 기본이다. 주로 남쪽의 파워를 얻도록 한다.

책상을 방의 남쪽에 놓는다. 침대는 북쪽으로 붙이고 머리는 동쪽을 향해 잔다. 그리고 식사는 인문계와 같이 생선과 야채류를 주로 먹는다. 시험 당일에 흰색 손수건을 가지고 간다. 역시 빨간색 볼펜 한 자루도 가지고 가서 왼쪽 책상 위에 올려놓고 시험을 치른다.

성적을 올리는 문창방(文昌方)

공부하는데 있어서 기본적인 방위라고 할 동쪽, 북쪽, 남쪽에 책상을 두고 공부를 하였으나 여전히 성적이 오르지 않는면 책상을 문창방에 옮겨서 공부해 보도록 하는 것이 좋다.

문창방, 처음 듣는 이도 있을 것이다. 글자 그대로 '글을 창성하게 한다'는 뜻이다. 풍수학적으로 원래 공부방은 집의 현관에서부터 정한다고 하였으나 근래 가옥 구조나 아파트 구조상 이렇게 찾는 것이 무리라면 아이방의 출입구, 즉 서재방의 출입구가 어느 쪽인가에 따라서 방위가 정해진다고 할 수 있다. 이 방의 중심에서 문창방에 책상을 놓는 자리로 정하고 앉도록 한다. 물론 의자도 이 책상에 맞추어 놓도록 한다.

만약 문창방을 찾았지만 구조상 책상을 놓기 어렵다면 앞에서 살펴본 본명괘(本命卦)를 참고로 하여 방의 방위에서 생기(生氣), 복위(伏位), 연년(延年)의 방위에 책상을 놓아도 좋다. 이 세 방위 중 어디에 놓으면 제일 좋을까? 그러나 방위를 현명하게 택하는 것은 아이의 성격이나 개성에 따라 정는 것이 좋다. 생기 방위가 아이에게 적합한지 아니면 복위 방위인지, 혹은 연년 방위가 적합한지 부모는 아이를 위해서 결정할 수가 있을 것이다.

공부방 입구에 따른 방위별 문창방

입구의 방위	문창의 방위
서남 방위	북
서 방위	서북
북 방위	남
동 방위	서남
동북 방위	서
남 방위	동북
동남 방위	동
서북 방위	동남

문창방의 역할

문창, 혹은 문창성(文昌星)이라고 하는 이 별은 하늘에 있어서 예술적 재능을 담당하고 학문의 재주를 주는 별이라고 알려져 있다. 이러한 별이 도움을 준다면 얼마나 큰 힘이 되겠는가? 항간에는 이것을 문곡성(文曲星)이라 부르기도 한다. 그래서 옛부터 문인(文人)의 운명, 즉 출세 여부를 결정한다고 하기도 했다.

또 다른 이야기로는 그 옛날 중국의 5황제(고대 전설상의 다섯 임금)라고 하는 임금님이 자신들을 모시고 있는 재동으로 하여금 문창부라는 부서를 설치하게 하여 공명을 드날린 사람이나 재물을 맡아보았던 높은 관리가 죽은 후에도 높이 섬겼다고 한다. 그리하여 이 재동신(梓童神)을 일찍부터 백성들은 높이 받들어 섬겼다고 한다.

이러한 신의 관리를 받는 것이 곧 합격과 같은 것이라고 믿고 있다. 그래서 후세 사람들은 과거에 급제하기 위해서는 이 문창신, 즉 문곡신을 받들면 과거에도 급제한다고 믿었다.

문창방은 문창성과 함께 하늘에서 내려와 지켜준다고 알려져 대단히 귀중하게 여기고 있는 것이다. 한마디로 문성이 자리하고 있는 곳을 의미한다.

이 문창방을 찾는 방법은 두 가지 유형으로 나누어지는데 하나는 비성파이고 또 하나는 팔택파이다. 중국의 고서 『현공자백결(玄空紫白訣)』라는 책에서 보면 일백(一白)과 사록(四綠)이라는 별이 나타나 만나면 그 문장이 뛰어나 청운의 꿈을 이룬다고 되어 있다.

사록 역시 문창 중 한 분으로 급료와 관리 인사를 담당하던 분이었다고 한다. 그러니 일과 사가 같은 자리에 합치게 되면 시험에 합격을 하고 입신 출세가 열리고 이름을 높이 드날리는 것으로 되어 있다. 이것이 청운 길이 아니고 무엇이겠는가?

그런데 이와 같은 일백과 사록의 자리를 찾는 것은 결코 쉬운 일이 아니다.

비성파는 24방을 나누어 집안 운세를 찾는 것으로서 곧 가정에서도 행운을 가져오는 것이 된다.

팔택파는 일반적으로 주택이 앉은 녹방을 문창방이라고 한다. 이 8택에는 고유의 4록방이 있는데 공부방이나 서재 방위가 이 방위에 위치한다면 매우 좋다고 한다.

일설에 의하면 이 4록의 방위가 문창방이라고 하는데 이 방위는 총명해서 입신 출세를 하는 것으로 알려져 있다. 다만 이 4록 방위에 화장실이 있으면 좋지 않다. 그렇다고 기존에 있는 화장실을 쉽게 옮길 수도 없는 일, 화장실을 옮기면 이 또한 해가 된다는 것이다. 문창을 다치는 격이기 때문이란다.

위에서 설명한 바와 같이 4록 방위는 문창으로 입신 출세한다고 믿고 있기는 하지만 유아들에게만은 이 방위가 좋지 않다는 것이다. 이 점을 유의할 필요가 있다. 그것은 8이 4와 만나면 아이에게 손상되는 것으로 나타나기 때문이다. 그래서 4록 방위에 책상을 놓지 못한다면 1백에 책상이나 서재를 놓도록 하면 행운의 운을 얻을 수가 있다.

서재를 문창방으로 옮기지 못했을 경우

만약 서재나 공부방을 문창방에 옮길 수 없는 경우가 있을지 모른다. 그러나 실망할 필요는 없다. 이때는 어떻게 하는 게 좋은지 살펴보도록 하자.

문창방의 위치가 되지 않으면 문창대를 옮기는 편법을 도모하는 도리밖에 없다. 이택(離宅)의 경우에 4록이 남쪽에 위치해 있어서 서재나 책상을 여기에 놓게 되면 문창방이 될 수가 있다. 이렇게 하면 시험에 합격할 수 있고 입신 출세의 기틀을 잡을 수도 있을 것이다. 학문에 있어서 최고의 경지에 다다를 수도 있다.

서재가 수험 공부에 미치는 영향

서재는 일반적으로 책을 읽거나 글을 쓰거나 책을 많이 꽂아두는 곳을 의미한다. 서각(書閣), 혹은 서실(書室) 등으로 불리고 글방이라고도 할 수 있다.

서재는 일반 가정이나 평범한 일반인에게는 필요치 않고 연구나 저술, 또는 집에서 사무적인 일을 보는 사람에게 필요하다고 할 수 있다. 일반적인 가정이라 하더라도 공부를 많이 하는 학생이나 책을 읽거나 아니면 글을 쓰거나 조용한 곳을 필요로 하는 사람은 서재가 필요할 것이다.

서재는 조용하며 고요해야 한다. 그리고 화장실이나 현관, 객관(사랑채)과는 떨어져 있는 것이 좋다. 가장 주의해야 할 일은 습기, 소음, 그리고 햇볕 이 3가지와는 반드시 떨어져 있는 것이 수험에 큰 도움이 된다.

서재의 방위별 길흉

동방위 __ 길

어느 쪽에 책상을 놓아도 좋다. 그러나 단 한 가지 이 방위에 도로가 가까이 접해 있다면 좋지 않다. 이 부위의 서재는 활기 있는 젊은 운기를 얻을 수 있다. 글을 쓰는 작가의 경우 소년풍의 이야기를 쓴다면 성공할 수 있다.

동남방위 __ 길

운기적으로는 사고라 할 지적 감각이 필요하므로 독서의 공으로 오르게 된다. 즉 양식이 풍부하다. 이 때문에 각종 정보도 많이 습득하게 되므로 총명하다. 사실 이 방위는 양광이라고 할 햇볕이 많다. 이 방위에 수목이 있어 싱싱하다면 한결 좋다고 할 수 있으며 시계가 좁고 고요하다면 더욱 좋다. 문을 열면 앞에 다른 문이 정면으로 보이면 이는 좋다고 할 수 없다. 간혹 흉상도 나타날 수 있다.

남방위 __ 흉

일반적으로 아이 공부방으로는 좋다. 하지만 서재로는 좋지 않은 경향도 있다. 이 방위는 예술이나 문학가가 사용하면 의미 있는 곳이지만 양기가 풍성한 곳이므로 구심점이나 정신 활동에는 그리 좋다고 할 수 없다.

독서나 지식을 흡수하는 내부 축적이 있으므로 음의 작용이 강하다. 양의 원심적 작용의 효과는 남 방위로 배반되어 있다. 작가가 쓰는 글 활동은 양적 작업이라고 할 수 있는데 내적 탐구 관찰로 사색을 깊이 한다면 이는 음적 작용이 된다. 그러므로 조용하고 침착한 과정이 필요하다. 이런 면에 있어서 남쪽은 흉이라고 할 수 있다. 하지만 일반적으로 이 남방의 서재는 다작하는 작가가 나올 수 있다는 설도 있으니 확신할 수 없다.

대체로 기가 산만하여 사가의 혼란도 없지 않다. 신경계의 과민 없이도 노이로제, 히스테리 같은 질병에 걸릴 위험성이 높다. 이와 같은 의미에서 운기적으로 볼 때 산만성이 많고 허영심도 있어 이웃간에 신뢰를 얻기도 어렵다. 다만 이 서재를 밤에 조용하게 이용한다면 소길(小吉)이라 할 수 있다.

서남방위 __ 흉

이 방위는 가급적이면 피하는 것이 좋다. 남쪽 방위와 흡사하다 할 수 있는데 이 방위는 운기나 집필 등 지적 작업 없이 육체적으로 항상 땀흘려 일해야 하는 곳이다. 지적, 정신적 사고는 없고 물질적 사고에만 몰입된다. 그러므로 창작 활동을 해도 글 장난에 불과한 결과를 얻게 된다.

서방위 __ 평

서쪽 해가 몰입하는 방위이다. 그러므로 서재에 적합하다고 할 수 있는 방위가 아니다. 이 방위는 원래 공부나 연구를 파고드는 방향이라고 할 수 있으나 해가 떨어진다는 것이 문제이다. 이 점을 잘 이용하여 길상의 서재 방위를 만들 수도 있다.

예를 들면 창문을 천창으로 만들어 햇볕을 최소화하거나 동물 장식을 서재 위에 놓아 그 운기를 면하거나 창문의 차단막, 즉 커튼 같은 것도 생각해 볼 필요가 있다. 또 관엽식물을 두는 것도 하나의 방편이다. 반면에 양광, 즉 햇볕을 들어오지 못하게 막아둔다면 습기가 들어 책을 손상할 위험도 있다. 이런 점으로 미루어 흉상이될 수도 있다.

서북방위 __ 길

이 방위는 서재로는 대단히 좋은 방위이다. 햇볕도 적당하고 마음의 안정도 이루어져서 침착하게 두뇌를 활성화시키게 되므로 운기가 생성된다고 할 수 있다. 그래서 재능을 충분히 발휘할 수 있는 곳이기도 하다. 그뿐만 아니라 명예나 지휘도 획득할 수 있는 강한 파워가 있는 곳이다. 이 서재는 오락 책이나 만화책이 있어도 무관하다. 즉 어린이가 들어와 책을 보아도 좋다. 특히 고전이나 대문학 전집을 보아도 좋은 방위이다. 그러므로 서재로서는 제일 좋은방위라고 할 수 있다.

북방위 __ 길

일반적으로 글방의 방향으로서 좋은 곳으로 치부되지만 서재 역시 독서로서 지식을 다량 흡수하는 곳이므로 좋은 방위라고 할 수있다. 음의 기가 최고조로 활동하고 있는 방향이기 때문이다. 냉정과 침착성을 이루는데다가 깊은 철학적 탐색과 인생론과 같은 심오한 사고로서는 가장 적합하다. 하지만 주의해야 할 점은 폐쇄적 분위기를 연출하면 독립적 운기를 초래하게 된다. 이 방향의 서재에는 담색이나 따뜻한 색상이 좋다.

동북방위 __ 평

이 방위 역시 침착하고도 냉정함을 얻을 수가 있는 곳이다. 독서하기 알맞은 곳으로 사색도 더할 수가 있어서 독서 삼매경에 몰입할 수 있는 방위이다. 이러한 지식은 진정한 실력자를 만들 수가 있고 재능도 함께 받을 수 있다. 그뿐만 아니라 명예와 지위도 얻을 수가 있어서 많은 사람에게 존경을 받는다. 이에 따라 경제적 보수도 만족하게 얻는다. 하지만 귀문 방위이므로 각별히 조심해야 한다.

4. 취직 합격

취직 합격

입시에 합격했다 하더라도 일반적으로 다시 4년이 지난 후에는 취직 시험이 기다리고 있다. 그 다음은 아마도 승진 시험일지 모르겠다. 이렇게 인생은 낙방과 합격의 연속이다. IMF 한파 이후 우리 경제는 침체 국면에 처해 있어서 직장 얻기가 하늘의 별따기보다 어렵다고 한다.

청년 실업자 수만 해도 50만이 넘는다고 하는데 이렇게 일자리를 얻지 못하는 노동 인력이 넘쳐나고 있다는 사실은 한마디로 국력의 낭비라고 할 수밖에 없다.

현재 졸업과 동시에 일자리를 얻는다는 것은 운좋은 사람으로 치부된다. 시험에 합격을 하고 취직이 되는 것은 그 사람이 평소 갈고 닦은 실력도 실력이겠지만 그보다 '운이 따랐다' 라고 생각하는 것이다. 여기서 운이란 한마디로 기운이다.

예를 들어 보기로 하자.

올해 대학을 졸업한 Y군은 신문사 공개 채용시험을 보는데 성적은 그리 좋지 않았다. 마지막 면접에 기대를 걸며 면접관 앞으로 나아간 Y군에게 이력서와 필기시험 성적을 훑어보고 있던 부사장이 물었다.

"자네 중국에서 유학하였다고 되어 있는데 북경에서 얼마나 있었나?"

"예 3년 가량 있었습니다."

"나도 중국 U대학을 나왔지. 그래 학창생활이 그립지 않나?"

부사장은 중국에서 유학을 했다는 Y군이 마치 후배나 되듯이 반가웠던 것이다. 그리하여 보통의 면접시험과는 약간 동떨어진 질문을 하였다.

"가족은 지금 중국에 있나?"

"네. 아버지가 중국에 계십니다. 다시 한번 가고 싶습니다."

Y군은 중국어로 크게 대답하였다.

결국 이 몇 마디가 면접시험에 좋은 점수로 작용하여 합격이 되었다. 가만히 생각해 보면 아무래도 이것은 그 날 Y군의 운이라고 아니할 수 없다.

회사와 자신의 상생관계가 이루어져야

대학을 나와도 일자리가 없어 놀아야 한다니 가슴 아픈 일이다. 웬만한 기업이 사원모집 공고를 나면 수십대 1은 보통이고⋯⋯. 이

렿게 구름처럼 몰려드니 취직을 하려면 얼마나 좋은 성적을 올려야 하나? 군계일학(群鷄一鶴)이 아니고는 뽑히기 어려울 것이다. 이처럼 첩첩 난관을 뚫는다는 것은 2중 3중으로 둘러쳐져 있는 철조망을 뚫고 나가는 일과 같다고 할 수 있다.

그런데 여기서 우선 명심할 일이 있다. 들어가고자 하는 회사나 직장이 자신과 상생관계에 있는지 알아야 한다. 의사가 되기 위해서는 의대에서 공부를 해야 하고 치과 의사가 되려면 치대를 다녀야 하며 공대, 음대, 미대 등 각각의 전문 직업인이 되기 위해서는 그에 해당하는 학교에서 수업을 받아야 한다.

그리고 자신이 공부를 한 학문과 들어가고자 하는 회사나 직장이 상생관계가 있는지 알아야 한다. 그래서 방위를 알고 우선 시험을 보면 1단계 취직 시험에 합격한 것이나 다름이 없다. 그렇지 않고 적성이나 방위도 무시하고 시험을 본다면 그만큼 취직은 어렵게 된다. 그러나 뭐니뭐니해도 중요한 것은 인간관계이므로 이 점을 고려하여 시험을 치러야 한다. 면접관이 채용하는 것도 사람이 하는 것이요, 시험을 보는 것도 사람이 하는 것이므로 상생 여부가 반드시 작용을 한다.

그리고 행운의 기를 높이기 위해서는 집의 현관과 자신이 공부하는 방이나 침실이 햇볕이 잘 드는지 점검할 필요가 있다. 햇볕이 잘 들지 않는 경우는 유감스러운 일이지만 파워부터 떨어진다. 만약 그렇다면 풍수로 모자라는 부분을 보충한다고 생각하면 된다. 즉 책상 방향이나 침대 방향, 그리고 실내 색상, 화분이나 관엽식물을 배치하여 모자라는 기를 상승시켜 주는 것이 원칙이다.

또 취직하기 위해서는 이력서를 제출하는 것이 첫 관문이므로 잘 익혀서 쓰는 것이 좋다. 시험이란 원래 남의 눈에 띄어 선발되는 것이므로 시험관에게 좋은 인상이나 점수를 받도록 애쓰는 것은 당연한 일이다. 그리고 취직이란 비단 사회에 첫발을 들여놓으려는 사람에게만 필요한 것이 아니고 이직하려는 사람도 이에 해당이 된다.

직업이나 직종별 좋은 방위

직업별로 나타나는 길 방위 역시 위에서 언급한 8방위의 상생(相生) 이론을 바탕으로 하고 있다. 가령 북쪽에 있는 주류회사에 취직한다면 자신의 5행상 상생 관계가 있는지부터 알아봐야 한다. 만약 오행상 수(水)에 해당된다면 이 회사에 이력서를 내면 틀림없이 합격이 된다.

취직이 아니라 자영업을 한다면 주류 도매점이나 단란주점을 차린다면 번성할 수 있다. 다음은 자신의 본명성(本命星)이 어디에 있는지 알아야 한다. 방위와 9성인 본명성과 5행이 일치한다면 이는 좋은 방위이므로 틀림없이 성공할 수가 있다.

영업직의 취직

영업 보조, 각종 교사, 코디네이터와 같은 직종도 포함된다. 영업직은 활동을 주로 하는 부서이므로 원기의 방위라고 할 수 있는 동쪽 파워를 이용하면 좋다. 이력서 용지나 봉투는 반드시 집의 동쪽에 있는 가게에서 사는 것이 유리하다.

책상 위에는 빨간색 볼펜을 올려두고 음악을 들으면서 이력서를 작성하도록 한다. 또 취직하고자 하는 회사에 전화를 걸 때는 방의 동쪽에서 하는 것이 좋다.

영업에는 동쪽 해를 이용하는 것이 중요하다. 화장대나 거울, 텔레비전을 동쪽으로 향하지 않게 놓는다. 원기의 근원이라 할 힘을 반사시키지 않기 때문이다. 방안에 갈색의 넓은 카펫을 깔고 옆에는 관엽식물을 놓으며 좋은 운이 다가온다. 침대는 동쪽으로 놓고 자면 영업에 적합한 성격이 형성된다.

동북(艮) __ 벽에 굵은 아라비아 숫자로 된 달력을 건다. 책장도 동쪽을 향해 놓도록 한다.

동(震) __ 책상을 놓고, 벽에 빨간색 그림이 들어 있는 사진틀을 건다. 전화나 음향기기 등을 놓는다.

동남(巽) __ 텔레비전 화면은 동쪽을 보지 않도록 한다.

남서(坤) __ 침대는 동쪽에 머리를 두도록 한다.

북서(乾) __ 큼직한 화장대를 놓는다. 거울은 절대 동쪽을 비치도록 해서는 안 된다.

일반 사무직

일반 사무직 이외도 경리, 회계, 비서, 인사 등도 여기에 속한다. 사무 관계직은 안정과 온화한 인간관계를 만들어 주는 것이 중요하므로 북쪽이 좋다. 북쪽 에너지를 주로 받도록 한다. 이력서 용지도 자신의 집에서 북쪽에 있는 문방구에서 구입하도록 한다. 이력서를 작성할 때는 책상 위에 물컵을 올려놓고 작성하는 것이 좋다. 물은 북쪽 파워를 높여주는 아이템이기 때문이다. 또 이력서를 작성하기 전에 샤워를 하거나 목욕을 하면 더욱 효과적이다. 회사에 전화를 걸 때는 북쪽에서 하는 것이 좋다.

사무직 계통의 취직 포인트는 북쪽이다. 사무직은 냉정과 더불어 사내에서 온화한 미풍을 풍겨야 하므로 사원들을 단합으로 유인하여 인간관계를 유지함에 있다. 침대는 남쪽으로 향해 놓으면 지성을 어필시킬 수 있다. 서쪽의 화장대는 매력적인 여성을 만든다.

북(坎) __ 벽에는 호수가 있는 시원한 그림풍경화가 좋다.
동북(艮) __ 책상은 이 동북쪽에 놓도록 한다.
동(震) __ 이 방향에 텔레비전이나 오디오, 전화기 등을 놓는다.
동남(巽) __ 꽃병이나 화분을 놓도록 한다
남(離) __ 침대를 놓고 남쪽에 머리를 두고 잔다. 베개 옆에는 한 쌍의 스탠드를 놓도록 한다.
서(兌) __ 화장대를 놓는다.
북서(乾) __ 큰 관엽식물 화분을 놓도록 한다.

판매, 서비스직의 취직
점원이나 웨이트리스, 호텔업, 기타 서비스업 전반을 포함시킨다.

이 판매, 서비스업과 잘 어울리는 방위는 서쪽이다. 이력서의 용지나 봉투는 역시 자신의 집에서 서쪽에 있는 문방구에서 산다. 이력서를 쓸 때는 단것을 먹거나 맥주, 혹은 브랜디를 약간 마시면서 작성하면 길하다. 그러면 서쪽 파워를 높여준다고 한다. 회사에 전화를 걸 때는 방의 서쪽에서 하면 더욱 좋다.

판매 서비스 계통은 상업(장사)이라는 운기를 가지고 있는 서쪽이 포인트가 된다. 책상을 서쪽 방향에 놓고 벽면에 유럽풍의 그림을 장식하면 서쪽의 파워를 끌어들일 수 있다. 대나무 화분을 남향으로 놓으면 남쪽 파워를 더 높일 수 있다.

북(坎) __ 스탠드를 놓도록 한다.

동북(艮) __ 옷장을 놓도록 한다.

동남(巽) __ 텔레비전을 놓고, 그 옆에 관엽식물을 놓도록 한다.

남서(坤) __ 책상을 이 방향에 놓는다.

서(兌) __ 분홍색 꽃 그림을 건다.

북서(乾) __ 화장대를 놓고 스탠드를 켜놓는다. 옆에는 관엽식물을 놓도록 한다.

중앙(中央) __ 침대를 놓고 동쪽에 베개를 놓고 잔다. 이 베개 맡에는 스탠드와 전화를 놓는다. 카펫을 깐다면 화려한 노란색이 들어 있는 것이 좋다.

기획 혹은 기술 계통의 취직

서쪽에 영향을 많이 받도록 한다.

침대는 서쪽으로 향해 붙여서 놓되 머리는 남쪽으로 두고 잔다. 책상은 동남쪽에 컴퓨터와 함께 놓도록 한다.

기획, 기술 계통의 운기를 몸에 붙게 하기 위해서는 남쪽이 포인트라고 할 수 있다. 화장대는 북서쪽에 배치시켜서 스폰서 운을 붙게 하고, 동남쪽에 컴퓨터를 놓아 각종 정보를 받아들인다.

북(坎) __ 소파를 배치하도록 한다.

동북(艮) __ 옷장을 놓도록 한다. 그 옆의 동쪽에는 텔레비전과 전화를 놓는다.

동남, 남, 남서(巽 , 離, 坤) __ 책상과 침대를 나란히 놓도록 한다.

책상의 왼쪽(동남쪽)에는 꽃이나 컴퓨터를 놓는다. 벽에는 자신의 사진을 건다. 이때 사진틀은 금속으로 된 것이 좋다. 침대는 남쪽을 향해 벼개를 놓고 베개 밑에는 스탠드 한 쌍을 놓는다.

북서(乾) __ 화장대를 놓고, 그 위에 조그만한 식물 화분이나 동물 장식을 두도록 한다.

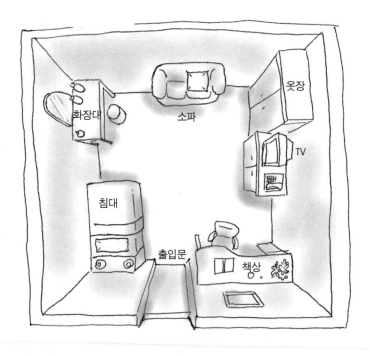

취직에 적합한 옷 색깔과 음식

취직 활동의 운기를 높여주기 위해서는 운기에 맞는 옷 색상과 음식이 있다. 면접 전에 이 색깔의 옷을 입거나 음식을 먹고 수험장에 가면 좋은 효과를 얻게 된다.

방위	몸에 입으면 좋은 색	식사
북 방위	회색, 검정색, 베이지색, 파란색, 흰색	두부, 생선, 우유, 물
동 방위	파란색, 빨간색, 흰색	초밥, 식초가 들어 있는 것, 감, 귤 등의 주스
남 방위	초록색, 파란색, 흰색	샐러드, 야채 주스, 새우, 게
서 방위	노란색, 핑크색, 베이지색, 갈색, 흰색	프랑스 요리, 치킨, 와인

색깔

시험에 있어서나 취직에 있어서 혹은 영업에 있어서 절대적인 것이 있다면 색이다. 그러므로 먼저 색에 대한 개념을 알아둘 필요가 있다.

쇠퇴해 가는 색도 기억해 두었다가 되도록 사용하지 않는 것이 좋다.

5행의 본색과 쇠퇴하는 색

오행	본색	왕성한 색	쇠퇴하는 색
목	청색	흑색(수생목)	백색(금극목)
화	붉은색	청색(목생화)	흑색(수극화)
토	황색	적색(화생토)	청색(목극토)
금	백색	황색(토생금)	적색(화극금)
수	흑색	백색(금생수)	황색(토극수)

출세를 돕는 행운의 책상 방향

　인테리어 방위에서 방 내부에 대하여 설명한 바가 있다. 가령 책상과 침대, 옷장 텔레비전, 오디오, 거울 등 위치를 설명하였다. 그중에서도 공부방은 침대와 책상이 가장 중요하다. 침대는 에너지를 공급받기 때문이고 책상은 직접 공부를 하기 때문이다.

　책상의 위치는 비단 공부를 하기 위해서 중요한 것만이 아니고 항상 그곳에 앉아서 책을 보거나 생각을 가다듬기 때문이기도 하다. 즉 방위와 관련이 있다. 하루 종일 책상 앞에서 있다면 그 방향의 에너지에 따라 행운인 합격 여부도 달라질 수가 있기 때문이다. 그러므로 상급학교 진학을 결정짓는다고 할 수 있는 합격 여부는 물론이거니와 모든 시험의 합격 여부는 책상 위치와 관련이 있다.

　심지어 각종 선거 출마에 있어서도 당선이 되려면 책상이 있는 방이나 사무실에서 책상의 위치가 중요하다. 어머니의 자리에 아들이 앉거나 아들이나 딸의 자리에 아버지가 앉아도 좋지 않기 때문이다. 그러므로 시험을 치르고 취직을 원하고, 또 지방의원이나 국회의원에 출마한다면 자기 자리를 제대로 찾아 앉아야 한다. 그래서 책상의 자리가 그토록 중요한 것이다.

각종 매스컴에는 역술인들의 선전 광고문들을 수없이 많다. 더더구나 입시철과 졸업 시즌이 다가오면 더욱 많다고 한다. 어디 그것뿐인가. 이때가 되면 역술인들의 몸값은 천정부지로 오른다고 한다. 시험이나 취직을 앞둔 사람들은 지푸라기에라도 매달리고 싶은 심정이기 때문이라고 한다.

필자가 다년간 이 입시철이나 취직철 그리고 지방의회나 국회의원들의 출마 때 풍수학적으로 통계를 내어본 결과 약 44%는 방위를 잘 선택해서 앉았던 것 때문에 합격된 것이 아닌가 싶다고 대답하였다. 즉 책상 자리가 많은 힘이 되었다고 느낀다는 것이었다. 사실 그렇다. 책상의 방위에 따라서 그 날의 컨디션이 달라질 수 있기에 그런 것이다.

일반적으로는 인테리어를 무시하거나 무심코 지나치기 일쑤인데 시험을 치르면 아무래도 책상 앞에 앉아야 하기 때문이다. 어디 그뿐이겠는가? 책상 앞에서 어떻게 수험 공부를 하고 선거를 치르기 위해 진두지휘하였느냐에 따라서 합격이냐 낙방이냐의 갈림길에 섰다고 한다. 선거도 낙선이냐 당선이냐가 결정된다.

그러므로 한마디로 말한다면 당사자의 앉은 자리라고 할 책상 위치가 중요하다는 것이다. 이것은 방위학의 오묘한 진리라고 할 수 있다. 다시 말해서 행운의 자리는 책상의 위치에 따라 결정된다고 할 수가 있다.

직장에서의 인간관계는 중요한 행운의 포인트

상사의 성격을 이해하도록 노력

사람은 누구에게나 인격이 있다. 자신의 생각이나 인격과 맞지 않는다고 불만을 가지거나 매도한다면 결코 융화될 수 없다. 상사는 상사이기 때문에 더욱 그러하다. 그러므로 회사에서의 인간관계는 중요한 요소 중 하나이다.

아무리 보람이 있는 일을 하더라도 동료나 상사와 뜻이 맞지 않는다면 최악의 경우에 봉착하게 된다. 이런 점에 있어서 풍수는 인간관계를 융화시키는 매개가 될 수 있다. 우선 아랫사람이 상사에 대하여 그 격을 인정해 줄 필요가 있다. 아무리 싫은 사람이라고 해도 상사는 상사이기 때문이다. 아랫사람이 상사의 격을 인정해 주었을 때 상사와의 인간관계는 원만해진다.

물론 상사의 입장에서도 자신의 인격을 인정해 주지 않지 않는 아랫사람이 있다면 당연히 그 아랫사람을 싫어하고 소홀히 하게 된다. 상사와 원만하지 못한 원인은 여기서 생겨나는 것이다. 아무리 무능해도 상사는 상사이고 선배는 선배인 것이다. 상사나 사장인 윗사람에 대하여 경의를 표하는 태도로 임한다면 상사도 부하를 소중히 받들어 줄 것이다.

회사는 굳이 침목을 도모하는 클럽이 아니니 일을 잘 해나가려는 생각으로 서로 받들고 존경하면 인간관계는 무난할 것이다.

상사의 말을 기억해 둔다

존경하는 사람의 말이나 잘 사용하는 격언을 귀에 담아두거나 외우도록 한다. 어떤 기회에 이 말을 들려주면 상사는 감격할 것이다. 사람은 자신을 알아줄 때처럼 반갑고 기쁜 일이 없다. 상사도 예외는 아닐 것이다. 또 그 말을 종이에 글로 써서 자신의 왼쪽 서랍 제일 안쪽(북서쪽)에 깊이 넣어두도록 한다. 회사의 동료들과 여행을 갔을 때 상사와 다함께 찍은 사진이 있다면 이것도 함께 넣어두면 좋다. 왼쪽 앞(자신을 중심으로 남서쪽)은 인간관계를 오래 지속시키는 방위이다. 그리고 깊숙한 북서쪽은 윗사람과 인간관계를 유지시키는 방향이다. 이러한 의미로 책상 위의 안쪽에도 주소록이나 명함 등 인간관계를 나타내는 것을 놓아두면 좋다. 상사에게 제출할 서류도 함께 넣어두어도 된다.

상사와 함께 식사를 한다

식사를 함께 하면 은연중 인간관계를 묶는 시발점이 된다. 점심시간에 흔히 동료들과 함께 식사를 나가게 되지만 상사와 함께 하는 경우는 그리 흔치 않다. 그러므로 자신이 먼저 식사를 권하면 상사 입장에서는 아주 가깝게 인식이 된다. 이것이 상사의 기억 속에 남아 두터운 신뢰를 쌓게 한다. 식사 한끼는 얼마 되지 않지만 돈으로 환산할 수 없는 대가가 자신에게 돌아온다.

동료와의 인간관계도 소중하다

동료란 서로 협조를 하는 유대관계에 있는 사람이다. 다시 말하면 동료란 생존경쟁의 전쟁터에 함께 나가서 싸우는 전우이다. 그러므로 동료가 도와주지 않으면 자신이 죽을 수도 있다. 그러므로 상생의 관계와 같다고 할 수 있다. '아무에게도 지지 않을 것이다', '저 친구보다 실적을 더 올리고 말 것이다' 라고 생각해서는 안 된다. 그런 라이벌 의식을 가지는 것은 자기를 오히려 치졸한 수렁에 떨어뜨리는 결과를 만들고 만다. 그런 의식보다는 선한 면을 보여 스스로 굴복하게 하는 것이 더 현명하다. 죽 솔직한 인간미를 보여주는 것이다. 그러므로 환경을 아름답게 가꿀 필요가 있다고 할 수 있다. 동료가 도와주지 않으면 나 스스로는 절대 일어설 수 없기 때문이다.

동료와의 관계가 좋아지는 책상 위치

왼쪽 앞부분(남서쪽)은 오래 지속될 인간관계라고 말한 바 있으나 오른쪽 앞(동남쪽)은 새로운 인간관계를 나타내는 곳이라고 할 수 있다. 이 경우 책상 위 오른쪽에 주소록이나 명함 등을 두면 좋다. 또 회사 차원의 여행에서 동료와 함께 찍은 사진을 올려놓으면 좋다. 다소 간지럽다는 생각이 들면 중앙의 서랍 오른쪽에 놓아두어도 된다.

파워만 정확하게 잡아도 합격할 수 있다

선거에 이기고 싶은 사람, 국가고시에 패스하고 싶은 사람, 꼭 가고 싶은 대학에 합격하려는 수험생, 승진 시험에서 멋지게 통과하고픈 사람이 있다면, 자신이 쓰는 책상 위치를 잘 선택해서 적극적으로 행운을 불러들여야 한다.

아래의 간단한 표 하나만으로도 대략 행운을 잡을 수가 있다. 이는 풍수에서보다 역학(易學)에서 많이 사용하고 있는데 풍수도 역학의 일종이니 방위학이라 함이 옳겠다.

역학에는 12신살이라는 것이 있는데 주로 역학사들이 간단하게 사용하는 방법이다. 이 역학에는 12신살이라고 하는 좋은 운과 나쁜 운이 있는데 그 열줄은 주로 태여난 해인 띠에 따라 책상이 놓여진 자리를 검증하는 것이다.

12신살이란 겁살(劫殺), 망신살(亡身殺), 반아살, 역마살(驛馬殺), 월살(月殺), 장성살(將星殺), 재살(災殺), 지살(地殺), 천살(天殺), 화개살(華蓋殺), 연살(年殺), 도화살(桃花殺), 육해살(六害殺)인 이 12살이 있다. 그런데 대부분 이 살들은 글자 그대로 좋지 않는 운기를 가지고 있다. 그런데 여기서 반아살과 천살(天殺)만 좋고 대부분은 나쁘다. 천살 역시 다른 의미에서는 나쁘지만 합격살에 있어서는 그런대로 좋다고 할 수 있다.

자신이 태어난 해(띠)에 따라 12신살이 있는데 자신의 띠에 따라 방위와 어울리면 좋다. 일반 풍수의 위치는 대개 8방이나 9궁 중 어디에 있어도 상관되지 않으나 이 살방은 방위의 모서리(각이진 곳)에 있어야만 합격에 좋다. 이 점 명심할 필요가 있다.

띠에 따라 놓으면 좋은 책상자리

방위	천살	반안살
인(寅, 호랑이)	북동간	남서간
오(午, 말)	북동간	남서간
술(戌, 개)	북동간	남서간
신(申, 원숭이)	남서간	북동간
자(子, 쥐)	남서간	북동간
진(辰, 용)	남서간	북동간
해(亥, 돼지)	북서간	남동간
묘(卯, 토끼)	북서간	남동간
미(未, 양)	북서간	남동간
사(巳, 뱀)	남동간	북서간
유(酉, 닭)	남동간	북서간
축(丑, 소)	남동간	북서간

반안살(攀鞍殺)

반안이란 말 안장자리를 뜻하는 말이다. 즉 안장 자리를 가르키는 말이다. 그러므로 무사인 무관을 뜻한다. 무사는 말안장에 앉아서 싸우러 나가기 때문이다. 즉 부하를 거느리고 전쟁터로 출정(出征)하는 말탄 장수와 같다고 할 수가 있다.

힘든 일을 해내고 안락한 의자, 즉 말안장에 앉아 여유를 즐길 수가 있다. 유유자작이라고 할 수 있다. 이 반안살은 어릴 때 고생을 하고 커서 자수성가하는 귀한 성공살이다.

임기응변이 능하다. 그러므로 복이 있으니 어려울 때는 남의 도움도 받게 된다. 가족 중에 이 살에 해당되는 식구가 있다면 어떤 일을 시켜도 부담 없이 잘 해낸다. 아랫사람인 부하 중 반안살에 해당되는 띠를 가진 사람이 있다면 정말 좋다. 어려울 때 이 살(반안살)에 해당하는 띠에게 부탁을 하면 성사가 아주 빠르게 된다. 친구나 식구 중에 이 살에 해당되는 띠는 무엇보다 입이 무겁다. 급한 일이 생겨서 피신을 하든지 집을 나간 사람을 찾을 때 이 살의 방향으로 가면 반드시 찾을 수 있다.

이 반안살 운에는 경영자는 사업이 발전하고 직장인은 승진을 하거나 좋은 일이 생기며 학생은 공부가 잘 되어 진학을 하든가 상을 타게 된다. 연지에 이 살은 부모덕이 많아 영화를 누린다는 뜻이 다분하다. 또 월지에 반안살이 있으니 곳곳에 이름을 빛내며 관록을 얻어 이름이 사해에 비치게 된다.

또 인품이 있어서 많은 사람들로부터 존경을 받게 된다. 부모, 형제와도 화목하다. 일지에 이 반안살이 있으면 이 여자 저 여자 관계가 많고 호감을 산다. 그래서 여러 사람에게 호감을 얻는다. 그뿐만이 아니고 부부간의 애정도 도타워 안락한 생활을 할 수가 있다.

사주에는 귀인이 있으면 일찍 성공을 거두게 된다. 시지에는 이 반안살은 자식복도 적잖이 않아 슬하에 여럿을 두게 된다. 그뿐만 아니라 부와 명예가 모두 수중에 있게 된다. 그뿐만 아니라 대운 행운으로 사업이 날로 번창하니 수입은 저절로 늘어난다. 만약 직업이 있으면 승진, 영전, 진급 등 연거푸 좋은 일만 찾아온다. 또 새롭게 시작하는 사업도 순풍에 돛을 단듯 순조롭게 항해한다.

학생 같으면 시험 공부를 시작하는 운이다. 노력만 한다면 만사 원하는대로 된다. 보통 가정은 기세가 일어나는 운이다. 하지만 호사다마라고 운수가 불길하여 육친의 덕이 적으며 인덕이 없는 사람도 만나게 된다. 그러나 원망할 필요는 없을 것이다. 원래 바탕이 성실하고 착하므로 지신이 이 복을 누리지 못하게 되면 후세의 자식들에게 그 은덕과 복이 돌아가게 되어 있다.

그러므로 자신이 타고난 운명대로 근면, 성실, 지속적으로 노력만 게으리하지 않으면 반드시 좋은 운이 돌아오게 되어 있다. 이 방안 살은 12년마다 돌아오므로 낙담은 금물이다. 그리고 이 운에 들어 있으면 좋은 운이 10년 이상 미치게 된다.

천살

하늘이 내리는 천재지변이다. 한마디로 재앙이라고 할 수 있다.

얼마 전에 태국, 인도 등에서 일어난 해일의 천재지변과 같은 것이다. 또 근간 이웃나라 일본에서 일어나고 있는 지진도 이와 같은 것이라고 말할 수가 있다. 전기에 피해가 있으면 급성 질병, 정신병, 신경질환, 암, 에이즈, 중풍, 언어장애와 같은 각양각색의 병을 얻게 된다.

년지에 천살이 있으면 흉명으로 타향 객지에서 고생을 하게 된다. 모든 일은 성사가 안 되고 비명횡사를 당할 운세가 오는 살이다. 이 월지의 천살은 부모, 형제의 도움을 얻을 수가 없으며 급성 질환에 걸리기가 쉽다. 그뿐만 아니라 건강상에 장애를 초래할 수 있다. 그렇게 생각지 않았던 일이 생겨난다.

대운행이 나쁠 때에는 비명횡사로 위태로움이 찾아든다. 부부 궁이 좋지 않아 이별 운이 다분하며 고향을 떠나 사는 사람이 많고, 심하면 조실 부모하는 경우도 있다. 하지만 말년은 행복한 서광이 비치게 된다.

이 시지의 천살은 재물복이 있어서 잘살게 되지만 자식이 비록 효자라 하더라도 죽거나 감옥살이로 떨어져 있게 된다. 이 천살이 있는 사주는 생색을 내고 자존심이 한없이 강하다. 그러므로 억지로라도 남의 아래는 있을 수가 없고 남의 위에 있기를 바란다.

평소 사리사욕 허풍에는 욕심을 내지는 않지만 큰 것은 중히 여기고 작은 것은 가볍게 여기는 기질이 있으므로 돈에 관해서는 눈에 차지 않는다. 금전 욕심보다는 오히려 명예욕이 더 강하다. 남의 돈에 대해서도 관심이 별로 없어서 국가의 세금이나 남의 돈 이자 같은 것을 갚지 않는 성격이다. 그러나 반대로 마음은 너그러워 남에게 돈을 빌려주고는 재촉하거나 이자에 대해서도 너그러운 편이다.

일신 천살이 가장 무섭다. 몸은 어디라 할 것 없이 아프고 고통스러우나 병명을 찾지 못하고 특히 발에 이상이 심하다. 부부궁에 이상이 있다. 자식이 귀하든가 부부 어느 쪽에도 천살은 있다.

여자가 이 살이 있으면 남자를 깔보아 남자는 맥을 못 춘다. 한마디로 가정에서 외로운 남편이라고 할 수가 있다. 만약 천살띠에 해당되는 자식이 있으면 신상에 문제가 일어난다. 그래서 이 천살을 가진 이와 동행을 해도 나쁜 일이 생기며 부부궁에도 흉살이 생긴다.

천살의 띠를 가진 이에게 투자를 하면 손재를 당하기도 한다. 하지만 만약 천살을 대운인 행운에서 만나게 되면 신액을 동반하게 된다. 한편 수족 마비, 중풍, 심장에 해당되는 병, 신경질환, 술, 마약 등 우려되는 일이 없지 않다. 그러나 나쁜 운을 모두 제쳐두고 좋은 운을 말한다면 출세를 할 수가 있다. 신분이 높아지기는 하지만 그리 신통치는 못하다. 그것은 너무 흉한 천살이 짓눌리기 때문이다.

직장에서도 왕왕 어려움을 겪기도 하지만 이런 재앙을 없애기 위해서는 마음을 비우고 신불에 정성을 다해 기도하도록 해야 한다. 그런데 염려스러운 것은 행운이 있어서 여러 가지를 극복할 수 있으나 부부간에 이혼의 우려가 있다.

사주에 천살이 많으면 큰 문제이다. 특히 천살이 강하면 위나 장의 문제가 생기고 당뇨나 신장결석 같은 병이 생겨날 우려가 있다. 그러므로 각별히 몸 건강에 신경을 쓰도록 한다.

이 운에는 직업 변동이 있다. 천살은 12년만에 돌아오고 한번 걸린 운세는 10년 동안 지속된다. 하지만 이 운세는 별로 좋을 것 같지 않지만 좋은 점도 있다. 출세를 한다는 대목이다. 출세를 하고 관리만 잘하면 나쁜 운은 물러갈 수도 있을 것이다.

방안살은 좋고 천살은 나쁘다. 하지만 천살도 그리 나쁜 운만은 아니다. 한마디로 반반이라고 할 수 있다. 그렇다면 관리만 잘하고 나쁜 운을 조심한다면 그리 문제될 것이 없을 것이다. 그래서 앞의 표같이 천살은 방안살보다는 나쁘기는 하지만 단정을 짓기는 어렵다. 그래서 역학이나 풍수학적 면에 있어서는 조심하면 괜찮다고 말할 수도 있다. 12신살 중에서는 두 번째로 명예를 얻을 수 있다고 하여 두 번째로 좋다고 할 수 있다.

선거운동을 벌이는 주자들에게

선거에 출마를 해서 당선되기 위해서 운동을 하는 후보자들은 자신이 쓰는 책상을 천살방이나 안살 방향에 옮겨놓도록 한다. 물론 선거를 돕는 참모진들의 책상 역시 띠별로 천살이나 방안살로 옮겨놓도록 한다.

여타 후보들과 숨가쁜 경쟁관계에 있어서도 풍수상 강력 파워라 할 수 있는 이 두 방위 중 한 방위를 택하면 좋다.

책상 하나만을 옮기면 풍수상 개운된다고 단정지어 말하기는 어려우나 여기에서는 우선 방안살과 천살 방향으로 책상을 놓으라고 말하고 싶다. 앞에서 방안이나 사무실의 인테리어 관계를 정독한 후 이 반안살과 천살 중 어느 한 방위을 택해서 앉도록 한다. 행운을 불러온다고 할 수 있는 한가지 한가지를 실행에 옮겨나가다 보면 어느새 목표에 도달하게 된다.

예를 든다면 가령 대통령 선거에 입후보하는 사람이 용띠생(辰年生)이라면 선거 사무실을 꾸미게 될 때 방안살 방향이나 천안살 방향인 남서간의 방위를 택해서 책상을 배치하도록 한다. 그리고 입후보의 선거를 돕는 참모진이 닭띠생(酉年生)이라면 이 사람의 행운의 방위라고 할 수 있는 천살, 방안살방인 남동간이나 북서간이 길방이므로 이 길방 모서리에 책상을 놓도록 한다.

그러나 선거 주자만 노력한다고 해서 승리의 여신이 손을 들어주지는 않는다는 사실을 명심할 필요가 있다. 그 사람의 주변에 있는 모든 사람들이 성원을 보내고 기를 보내주면서 노력을 할 때야 비로소 행운은 급상승하게 된다.

고등고시나 사법고시를 준비 중인 사람들도 마찬가지이다. 다시 한 번 예를 들어보면 원숭이띠(申年生)인 사람이 고등고시를 준비하고 있다면 행운의 방위에 책상을 놓아야 한다. 이 행운의 방향(방위)가 바로 천살방이나 반안살 방위이다. 그러면 도표를 살펴보면 남서간이나 북서간이 이 행운의 방위이므로 이 자리를 차지해야만 옳다.

만약 도서관에 가서 공부를 하고 있다면 이 자리를 차지하도록 한다. 또 고시원의 숙소를 배정받아 책상을 들여놓을 때는 이 두 개의 방위 중 어느 한 곳을 골라 택일을 하여 위치를 잡도록 한다. 기억력이 상승되는 것은 물론 건강도 양호해져서 좋은 결과를 얻게 된다.

대학에 들어가기 위해 수능이나 본고사 공부를 하고 있는 아이라면 자신의 공부방에서 행운의 방위가 어느 쪽인지 살핀 후 그곳에 책상을 놓도록 한다. 토끼띠생인 수험생이라면 북서간이나 남동간이 좋은 방위이다. 즉 행운 방위(천살, 방안살)이므로 자신이 쓰는 공부방의 북서쪽, 혹은 남동쪽 중 어느 한 곳을 택하여 거기에 책상을 놓도록 한다.

선거운동 사무실에서는 북서쪽 자리가 최고

선거 운동 사무실 하면 작은 마을에서부터 지방자치단체 위원, 그리고 국회의원, 또 대통령으로부터 부통령에 이러기까지 선거는 매우 다양하다. 이 선거 출마자들은 책상을 놓은 자리가 어디가 좋은지 잘 알지 못한다. 좋은 자리란 합격이나 당선 자리를 말한다. 그러나 대부분의 응시자나 출마자들은 이 자리를 대수롭잖게 여긴다.

하지만 풍수에서 흔히 말하는 용혈(龍穴), 진혈(眞穴)이라는 자리가 있다. 이 자리가 바로 천살방이자 반살방을 의미한다. 방위의 어느 모퉁이라고 한다.

그런데 풍수에서는 모퉁이라는 것을 싫어하고 역학자들은 이 모퉁이를 좋은 위치라고 한다. 역학이 풍수이고 풍수가 역학이므로 방위학을 연구해 보면 방위는 8방이고 중앙까지 합치면 9방이 된다. 여기서 모퉁이라 함은 8방의 귀를 뜻한다. 이 귀는 쌍방 방위의 경계가 된다. 그러므로 한자리에 앉아서 두 방위의 힘을 얻는 것이 되므로 모퉁이에 자리 하라는 것이다.

8쾌 중 중앙이 되는 자리가 있다. 이 자리는 기본이 되는 자리이므로 중심이다. 예로부터 좌불중석(座不中席)이라고 하여 자리의 한가운데 앉으면 좋지 않다는 말이 있다. 그러므로 중앙의 자리는 정하지 않도록 한다.

그리고 직장인들, 특히 사무직 계열의 화이트 칼라들은 승진하여 임원이 되고 누구보다 빨리 출세를 하려면 이 북서쪽의 모서리진 곳에 자리하고 배정받도록 한다. 또한 이미 중역의 위치에 올라 있는 사람이라 하더라도 중역실을 배정받을 때는 북서쪽 귀퉁이진 공간에 자리하도록 하는 것이 좋다.

일반적으로 북서쪽 방위는 건방(乾方)이고 주인의 자리이자 집에서는 아버지 자리이다. 아버지라 함은 가정을 대표하는 가장인 것이다. 이 가장의 책무가 큰 것은 물론 운도 크다는 것을 상징한다. 가정에서의 최고 권위자, 출세, 명예를 상징하고 있어서 이러한 운을 통틀어 미치게 하는 자리이므로 크고 좋다는 뜻이 된다. 그것도 위에서 말한 두 개의 벽이 직각으로 맞물려진 북서쪽의 귀퉁이 자리를 두고 하는 말이다. 만약 이 북서쪽 귀퉁이 자리가 여건상 어렵다면 건물의 다른 모퉁이 자리를 찾도록 한다.

이와 건물 모퉁이에 관한 길 방위는 이상하게도 각 회사의 경리나 자금을 맡고 있는 부서가 자리잡고 있는 곳이 많다. 비록 풍수상의 원칙을 염두에 두고 자리를 배정한 것이 아닐지라도 회사 차원에서 보면 더없이 중요한 자리임을 알 수 있는 것이다.

사무실에서 서열에 따라 배정된 좌석이 공교롭게도 중앙이나 중간일 경우에는 이곳에 앉게 된 사람은 언제나 심신이 불안하고 귀속감이 들지 않으며 자신도 몰래 자리를 자주 비우게 된다. 그러니 업무의 능률이 저하되기 마련이다. 그리하여 자주 상급자에게 지적을 당하는 것은 자리 때문이다. 이뿐만 아니고 담당하는 업무도 자주 바뀌게 되고 적응력이 저절로 떨어지게 된다. 그래서 능력 없는 사원으로 지적당하여 회사로부터 권고 사직을 당하게 된다. 이는 이 자리가 풍수상으로 흉석이기 때문이다.

풍수상 이상적인 환경은 용의 혈

앞에서 설명한 것은 '용의 혈'을 의미한다. 음택에서의 명당은 용혈인 것과 같이 양택인 가상학에 있어서도 좌석인 자리나 사무실의 앉는 자리는 용혈이어야만 한다. 그렇다면 여기에 의문이 하나 생겨난다. 용혈, 이상(理想)의 환경(環境)이라면 도대체 어떤 것일까? 소박한 질문이다. 기분이 좋아지는 장소라고 대답하는 것이 현명한 대답이 아닌가 싶다. 애매한 대답이라고는 할 수가 없다. 앞에서 누누이 설명한 바와 같이 이 풍수는 합리적인 학문이기 때문이다. 틀림없이 이상적인 모델이 있을 것이다.

중국에서는 용혈(龍穴)이라는 말을 지금까지 많이 사용해 오고 있다. 그것은 지형의 형태를 말한다. 용혈이라는 명당은 대체적으로 뒤는 산이 연이어 있어 현무라고 부르고 지형적으로 용이 기거하는 장소라는 의미이다. 그것은 산에 감싸여 둘러쳐져 있는 곳이다.

앞에서 볼 때 오른쪽과 왼쪽에 산으로 보듬고 있는데 왼쪽 날개와 같은 산을 좌청룡, 오른쪽 산을 우백호라고 호칭하면서 그 아래 산의 정기가 맺혀 있는 곳, 이곳이 죽은 사람이 묻히게 될 곧 용혈인 것이다. 한마디로 거심지(巨心地)이다.

그러나 이것은 조건이 따른다. 남쪽 면에 토지가 펼쳐져 있으며 뒤는 큰 산이 있어서 여기서 대지의 기운을 날아온다고 한다. 그 기에는 또 평지에 좋은 기가 머물러 에너지가 충만되어 있어야만한다. 그래서 이 기가 달아나지 못하도록 날개와 같이 보듬은 산이 지켜준다고 믿는다. 그래서 남쪽은 강이 흘러가고 있어 물의 편리가 있는 곳을 말한다. 이것은 좋은 기를 불러들여 달아나지 못하게 막는 환경이라고 할 수가 있다.

가상학에 있어서 사람의 위치도 이와 같다. 사내의 자리나 공부방, 책상의 위치가 위에서 언급한 지리적 여건이 같아야만 용의 혈이 된다는 것이다. 그 위치가 위에서 말한, 뒤에는 사내 벽(산)이 있고 앞에는 중심점과 넓은 사내가 펼쳐져 있어야만 한다. 그런 의미에서 북서쪽 자리가 용이 된다고 보는 것이다. 음택이나 양택에 용의 혈을 찾는 것은 어디까지나 비유이므로 같은 것이다.

선거 사무실과 당락 개운법

월살방

월살(月殺)이란 메마르고 고갈된 것을 뜻한다. 고갈로 인해 장애, 정신이상 등이 따르는 살이다. 그래서 택일할 때에도 이 날만은 피한다고 한다. 이 날에는 씨앗도 심지 않는다는 말도 있다. 그러니 자본의 고갈이 있고 신체상 여러 가지 분쟁이 발생한다고 한다. 종교계에 몸담은 사람도 파계에 이르고 건축물 또는 기타 건물 등에 강압적 피해를 입게 된다. 특히 파종, 결혼, 건축, 생산적 일에는 이 날을 피해야만 한다.

이 월살이 있는 사람은 누구보다 재물에 대한 욕심이 크다고 할 수 있다. 그러므로 금전에 대하여 남다른 고통을 받기도 한다. 그래서 어떤 사람은 이 부자를 증오하기도 한다. 그것은 부모와 이 연이 없는 것과 비슷하다. 그러므로 이 사람에게는 호화스러움이나 재물 같은 것과는 연이 멀다. 자신의 실력으로 끝내 자기 재물을 모아 성공한다는 것이 결론이다. 이 살이 연지에 있으면 조부모가 좋지 않으며 일마다 지장이 생긴다.

월지에 있으며 부부는 견우직녀의 신세로 언제나 떨어져 있어야한다. 그뿐만 아니라 사주가 나쁘니 한많은 인생을 살게 된다고 한다. 여성은 이 살이 침범하면 고독하게 되고 일생 동안 외롭고 답답한 생활을 하게 된다.

월살에 해당하는 띠와 결혼한 남자는 아내의 덕을 보게 된다. 반대로 이 살에 해당하는 남편을 얻으면 사위 덕을 보게 된다. 돼지, 쥐, 소띠가 이 살에 해당하는 자식을 보면 가세가 일어나게 된다. 월살이 든 해에 자식을 얻으면 그 자식은 효자이다. 고로 말년에 자식 덕을 톡톡히 본다고 할 수 있다.

또 이 살에 해당하는 연인을 두면 월살인이라고 하여 혜택이 오고 덕을 보게 된다. 그러나 뭐니뭐니해도 대운 행운에서 이 살을 만나게 되면 급전과 좋은 일이 생긴다. 즉 대박이 터졌다고 할 수가 있다. 또 반대로 사주가 나쁘면 부부의 불화가 자주 일어난다. 이것으로 인하여 직장이 있는 사람은 퇴직을 당하기도 한다. 그래서 흉한 일이 생기며 가정에는 차가운 바람이 불며 몸을 다치기도 한다.

대운이 있으면 10년간 영향을 미친다. 사주에 월살이 많으면 큰일이다. 이것을 푸는 것이 좋다. 그래야 잘 살고 액을 사전에 막게된다. 위의 내용은 모두 비유이므로 나쁜 것은 아니다.

선거에 출마한 후보자는 월살방으로 사무실을 이전해야 당선한다

어른들이 '음식은 가려 먹지 않아야 복을 받는다' 라고 말씀하시는 것을 어려서부터 자주 들어 왔다. 그러나 이사(移徙)는 가려서 해야 집에 복이 들어온다고 한다. 흉화를 면할 수 있다는 것이다.

선거 출마를 위해 사무실을 얻은 분들이 이 사무실을 잘못 얻어서 낙선의 고배를 마신 사람들이 대부분이다. 선거 사무실을 얻을 때는 집에서 월살 방향에 얻도록 한다. 후보자의 생년을 기준으로 하여 월살 방향으로 움직이는 것이 좋다. 이 월살방은 나에게 운기를 더하게 상승시켜 주므로 당선이 확실히 될 수 있다.

반대로 현재 선거 사무실 방향이 집으로부터 반안살 방향이 아니라면 다소 불편하기는 하지만 방안살 방향으로 바꾸도록 한다. 이렇게 바꾼다면 당선율이 훨씬 더 높아진다.

방안살 방향은 호랑이, 말, 개띠의 경우 남서간이고, 원숭이, 쥐, 용띠의 경우는 북동간이며 돼지, 토끼, 양띠는 남동간이다. 그리고 뱀, 닭, 소띠는 북서간이다

가령 용띠생의 선거 후보자가 선거 사무실을 더 큰 곳으로 얻어서 옮기고자 한다면 자신의 월살 방향인 북동간을 택하여 그 방향으로 이사를 해야만 당선이 유력해진다.

토끼띠 생의 후보자라면 남동 방향, 뱀띠 후보자라면 북서 방향이 자신의 월살 방향이므로 선거 사무실을 옮길 경우 그 쪽이 당선

방위이다.

그리고 선거의 전략 기지인 선거 사무실이 자신의 집으로부터 반 안살 방향인지를 다시 한 번 살펴서 확인하는 것도 현명한 방법 중 하나라고 할 수 있을 것이다

띠별로 보는 월살 방향도

뱀, 닭, 소	남서간
호랑이, 말, 개	남동간
돼지, 토끼, 양	북동간
원숭이, 쥐, 용	북서간

카리스마(Charisuma)성을 몸에 붙이 들도록 한다

힘을 밀어붙이는 기운도 실력도 있음에도 불구하고 왜 리더가 되지 못하는 것일까? 실력이며 카리스마라는 것은 별개이기 때문이다. 이 카리스마는 역학의 풍수적으로 말하면 강한 순양(純陽)이라고 할 수 있다. 가득찬 순수양의 기를 말한다.

그렇게 되면 풍수로서는 용이 단서이다. 용은 원래 중국의 황제가 지칭하는 신불이다. 즉 힘과 지배의 상징이라고 할까. 그래서 남성적 양의 파워의 극치로 표시된다.

정치인의 권력도 이와 유사하다고 할 수 있다. 국회의원 역시 권력의 파워 속에 들어가므로 용의 힘을 빌리는 것과 흡사하다. 그래

서 집의 응접실 위나 공부방 책상 위에 이 모조물을 올려놓은 것은 일종의 힘을 과시한다는 뜻도 된다. 이 조형 역시 그와 같은 의미라고 할 수가 있다.

그래서 이 파워를 강하게 이루고 싶다면 이렇게 올려놓은 용의 앞에 술잔을 놓고 물을 가득 담아두고 이 물이 마르지 않도록 한다.

이것은 단순한 우리가 바라는 망상적 행위만은 아니다. 용은 물을 먹으므로 하늘로 올라갔다가 다시 하늘로부터 내려온다고 믿고 있다. 이것이 지속적으로 계속 되풀이되면 용의 힘을 실감된다고 한다. 이렇게 매일매일 신선한 물을 바꾸어 담아두면서 나를 도와준다는 생각이 들면 이것이 리더의 자질이 자라게 되는 증거가 된다.

그리고 금재의 물건이나 빨간 색깔을 지니고 다녀도 그러한 힘이 배인다고 할 수 있다. 금이나 빨간 만물은 역시 태양을 의미하고 상징하기 때문이다. 곧 통솔력이나 지배력도 아울러 상징이 된다. 다만 이것은 본인만 알도록 가지고 다녀야만 한다. 선거 운동도 일종의 시험이므로 이렇게 빨간 손수건을 몸에 지니고 다니면 선거 시험에 큰 효과가 있다.

이렇게 용과 태양 이 2가지 기를 기르면서 선거 운동의 시험에 응한다면 당선율이 훨씬 높아진다. 선거에 입후보하는 이는 용과 물, 그리고 금가락지와 빨간 손수건 등을 지니면서 생기의 방위로 선거 유세를 한다면 틀림없이 당신을 선호하는 많은 시민의 신망을 얻을 수가 있을 것이다. 하지만 주의해야만 할 일은 이러한 사

실을 어느 누구에게 발설해서는 안 되고 자기만의 비밀로 해야 한
다.

본명괘별, 생기 방위도

본명괘	생기 방위
감(坎)	동남
이(離)	동
진(震)	남
손(巽)	북
건(乾)	서
곤(坤)	동북
간(艮)	서남
태(兌)	서북

5. 공부 잘하게 하는
인테리어 소품

공부 잘하게 하는 인테리어 소품

풍수에 의하면 각종 생활 소품이 기(氣)와 관련이 깊다. 그래서 행운을 얻는다거나 건강을 지켜준다거나 아니면 결혼에 성공한다거나 시험에 합격한다는 등의 소망을 이루어준다는 소품들, 이를 테면 석조상(石造像)이나 동물상, 인형상들이 우리 주변에는 많이 있다.

광화문 입구의 양쪽에 있는 석조 해태상은 대궐을 지켜주는 화신상(火神像)으로 널리 알려져 있다. 즉 대궐 안에 있는 모든 건물을 화마(火魔)로부터 지키기 위해서 만들어 놓았다고 한다. 원래 해태는 잡신을 범접하지 못하게 하고 화마신을 몰아낸다고 알려져 있다.

또 용이나 범과 같은 석조상도 흔히 볼 수가 있다. 12간지의 12지상, 즉 띠에 해당하는 동물들을 나열시킨 것도 있다. 또 묘지 둘레에서 흔히 볼 수 있는 문무상이나 동물상들은 여기 묘 속에 누워 있는 죽은 사람의 영혼을 지킨다는 의미를 간직하고 있다.

또 어느 집 대문 입구에도 석조상이 있고 계단을 오르는 입구에도 이런 석상이 양쪽에 지켜서 있는 것을 볼 수가 있다. 이것은 모두 집을 지키고 그 집에 사는 사람들을 보호하기 위해 만들어 놓은 것이다.

아이가 건강하기를 바라는 소망도 있을 것이고 성적이 오르기를 바라는 의미도 있으며 합격하기를 바라는 의미도 담겨 있을 것이다.

이런 것을 인테리어 소품이라고 하는데 이는 좋은 기를 받아들이고 나쁜 기운을 몰아내는 데에 그 의미가 있다. 이는 오랜 세월 동안 지켜온 동양의 사상인 동시에 뿌리 깊이 박힌 염원이므로 반드시 이루어지게 된다고 믿는다.

목어

절에 가면 처마 기둥 아래 매달린 작은 풍경을 볼 수가 있
다. 목어를 달아놓은 것도 볼 수 있다. 그것은 잉어의 모습이
다. '어변성룡도(魚變盛龍圖)'나 '약리도(躍鯉圖)'라는 그림에
그려진 것을 간혹 본다. 또 이 잉어가 용으로 변하는 모습을
그린 '어변성룡도'와 물을 힘차게 거슬러 뛰어오르는 모습
을 그린 모양은 출세의 염원을 담고 있다.

후한서 『잉웅전』에서 보면 선비가 과거에 합격하여 임금
의 얼굴을 배알하는 것을 일종의 등용문이라 하였다. 이 등
용문에 관한 줄거리를 보면 해마다 봄이 돌아오면 중국의 황
하(黃河) 상류의 용문이라는 협곡에서는 잉어들이 센 물결을
거슬러 올라가기 위해 뛰어오르는 것을 볼 수가 있는데 성
공적으로 거슬러 올라간 잉어들은 용으로 화신한다는 믿기
어려운 전설이 전해지고 있다. 젊은이들은 온갖 고초를 극복

하면서 면학을 다하여 기어이 과거에 급제를 하고 관직에 오르는 것을 등용이라 한다.

아무튼 과거에 급제를 해서 높은 관직에 오르는 것이 잉어가 변해서 용이 된다는 등용에 비유한 것이다. 이같은 잉어의 그림은 연적(硯滴)을 비롯하여 선비들이 자주 많이 사용하는 문방구나 공예품에 그려져 있다.

이외에도 '효자도'라는 민화가 있는데 여기에 등장하는 잉어는 앞서 등용문의 잉어와는 약간 다르다.

진나라에 살았던 왕상이라는 사람은 그의 계모가 병이 들어누워 있는데 잉어를 먹고 싶어 하기에 얼어붙은 연못의 강을 두드려 구멍을 뚫어놓으니 이 속에서 잉어가 튀어올라왔다. 그래서 이 잉어를 가져와 어머니께 봉양을 하였더니 병이 씻은 듯이 나았다는 이야기가 전해진다.

이 효자도는 효행의 상징물이 되었다. 그리고 잉어의 머리가 흡사 남근(男根)처럼 생겨서 다산의 의미도 있다. 잉어가 알을 낳으면 수천 수만의 새끼를 낳는다는 의미가 있기 때문이다.

이와 같이 잉어가 많은 산란의 결실을 맺는 것은 의당 결실이라는 의미도 있겠고 재물을 많이 얻는다는 의미도 담겨

져 있다. 그뿐만 아니라 자신을 떠받혀 주는 많은 부하가 있다는 의미도 된다. 그러나 이런 것보다는 역시 일반적으로 널리 알려져 있는 것은 등용문의 기운이 크게 있으므로 시험 공부나 대학 입시 시험 같은 수험 공부를 하는 아이방이나 서재에 이 잉어 그림을 붙여놓거나 잉어 장식을 걸어두면 공부가 잘 될 뿐만 아니라 시험에도 합격할 수 있다.

짚으로 짠 잉어상, 대나무로 찐 잉어상, 왕골로 짠 잉어상과 같은 다양한 것이 많다. 그렇게 붙이거나 걸어두는 것은 주로 북쪽을 향해두도록 해야 한다.

열대어

거실이나 벽에 열대어나 잉어 그림을 걸어놓고 어항에는 열대어를 키우는 집들이 많다.

필자가 옛날 사사하던 어느 선생댁에 가면 거실에 큰 유리 어항을 두고 벽면에 '어수원실(魚睡園室)'이라고 쓴 현판까지 붙여두고 열대어를 기르는 것을 보았다. 며칠에 한 차례씩 어항물을 곤욕스럽게 갈아주는 고통을 감내하면서도 열대어를 기르는 모습이 기억난다.

또 이웃에 있는 한 음식점 입구에 들어서면 대형 유리관 속에 어른 팔뚝 같은 잉어를 10마리 정도 기르고 있다. 이 열대어 때문인지 영업이 잘 될 수가 없다. 행운을 얻은 것이다. 이러한 대형 수족관을 두는 것은 풍수상으로는 역시 물(水) 때문이다.

영당(零堂)이라는 말이 있는데 이는 운기가 결핍되어 있는 것을 의미한다. 이러한 곳에 수조(水槽) 어항을 두면 쇠퇴한 운의 기를 풍요롭게 행운으로 바꾼다는 의미가 된다. 그러나 어항은 집이나 방의 중심에서 동쪽, 동남, 북서쪽 방향으로 놓아야만 좋다. 이 점을 명심할 필요가 있다. 만약 그 외 장소에 두면 음양의 균형이 깨어져 열대어의 생체 기운에 의해서 기운이 흩어지게 된다. 만약 방주인이 양(陽)이 아주 강한 사람이라면 열대어가 죽거나 오히려 집안에 해로움을 안겨준다.

어항을 놓으면 안 되는 곳이 있다. 불당이나 신주를 모신 방에는 되도록 두지 않는다. 어항 옆에 히터나 난로 같은 열기구를 놓아서는 안 된다. 물과 불은 오행상 수극화(水克火)가 되기 때문이다.

어항 속에 자라는 수초가 지나치게 크고 무성하지 않도록 한다. 수초가 행운을 누르기 때문이다.

어항 속의 고기 수는 가족수보다 많아서는 좋지 않다.

오행에 맞는 물고기의 수

오행	수(水)	화(火)	목(木)	금(金)	토(土)
밝은색(백) 물고기	1	2	3	4	5
어두운 색(적) 물고기	6	7	8	9	10

방주인의 오행이 수라면 밝은색(흰색이나 은색) 한 마리, 어두운 색 계통의 금어(빨간색) 잉어 6마리를 키운다. 1과 6은 음양의

　　조화가 잘 이루어져서 좋다.

닭

닭은 8괘 중 동남에 해당되는 동물로서 희망찬 출발이나 상서(祥瑞)로움의 상징이다. 그런 이유 때문인지 시중에서도 닭의 형상을 자주 보게 된다. 심지어 달걀 모양까지 만들어 달걀을 품는 형상도 있다.

『설문해자』라는 책에서 보면 '닭은 때를 아는 가축' 이라는 말이 있다. 닭이 울면 모든 귀신도 범접을 못하고 돌아간다는 뜻이 담겨 있다.

달 그림이나 닭 모형을 만들어 머리맡에 두고 자면 머리가 좋아진다. 단 닭 모형은 동쪽을 행하게 한다. 닭의 기운이 활성화되어 가장 활발하게 발전할 수 있기 때문이다.

『회남자』라는 책에서 보면 하늘에 닭(天鷄)이 있어 해가 뜰 때 이 닭이 울면 천하에 모든 것이 따라서 운다(합창한다)라고 기록되어 있다.

닭은 예부터 문(文), 무(武), 용(勇), 인(仁), 신(信)의 오덕(五德)을 갖춘 덕검으로 널리 알려져 있다. 문은 머리에 닭벼슬관을 쓰고 있으니 문이며, 발에는 날카로운 발톱이 있어서 무(武)요, 이 때문에 적을 만나서도 물러서지 않아 죽을 때까지 싸우니 용(勇)이다. 먹을 것을 보면 혼자 먹지 않고 함께 나누어 먹으니 인(仁)이며 밤을 지키되 그 때는 놓치지 않으니 신(信)이라고 하였다.

계라는 발음이 중국어의 길과 유사한 발음이어서 길상으로 알려져 있다. 혼인을 할 때 크고 화려한 수탉을 보내는 것은 혼인을 축하하고 길상과 이로움을 축원한다는 뜻일 것이다.

『현중기』라는 책에서 보면 도도산(桃都山)이 있는데 그 위에는 큰 복숭아나무가 있다. 그 가지의 길이가 천리에 이른다고 한다. 이 나무 위에 천계가 내려앉아 해가 먼저 떠서 햇빛이 나무에 비치면 곧 천계가 울고, 이것을 신호로 닭들이 일제히 목청을 돋아 울기 시작한다고 한다. 그래서 닭은 광명을 상징하는 것으로 되었다.

광명이란 여러 가지 의미가 있지만 공부를 하는 아이에게는 필히 높은 지위에 오르는 것이다.

수탉의 웅(雄)은 영웅 웅과 같은 뜻으로써 영웅의 드높은 이상이 가득 담겨 있다. 그래서 수탉을 가까이 두고 자면 영웅이 된다는 말도 있다. 닭과 함께 잘 수는 없으므로 닭의 모형으로 대신할 수 있다. 수탉이 큰소리로 우는 모습을 공계명(公鷄鳴)이라고 하여 공명을 의미한다. 공명은 바로 시험에 합격하는 것이다. 위에서 언급하였듯이 잡기를 쫓고 시간을 정확하게 읽어주므로 어린아이의 머리가 아주 명석해진다.

호랑이

호랑이는 신령스러운 동물이다. 풍수에서는 오른쪽에 자리한다고 하여 우백호(右白虎)로 부른다. 즉 좌청룡 우백호를 말한다.

옛 문학 작품에 나타나는 호랑이는 재앙을 몰고 오는 포악한 맹수로 경계의 대상이었다. 우리나라 재래 동화인 '호랑이와 곶감' 이야기가 여기에 속한다. 또 한편으로는 더없이 착하고 선한 동물이 바로 이 호랑이이기도 하다.

한여름에 홍시가 먹고 싶다는 노모를 위해 효자를 홍시가 있는 집까지 엎어다주어서 노모의 소망을 풀게 해주는 등 신령스러움을 보여주기도 한다. 박지원의 수필집 '호질(虎叱)'에서 보면 선악의 심판관으로 등장하기도 한다.

민간에서는 호랑이가 용맹하고 위엄 있고, 탐욕스러우며 반대로 병을 막아주고 복의 기운을 상징하는 것으로 여겨왔다. 또 꿈에 이 호랑이를 보면 관운이 트일 징조라고 한다.

조선시대에는 매년 정초가 되면 호랑이와 용 그림을 대문이나 중문에 붙여 잡귀를 쫓는 풍습도 있었다. 호랑이에 대한 두려움과 회화적 심리가 발동하여 신령을 숭배하는 민간 신앙의 주인공이 되기도 한 것이다.

도교에서는 이 호랑이는 시공간을 초월하는 신령한 동물로 꼽고 있다. '신선기호도(神仙騎虎圖)'라는 그림은 신선의 사자 노릇을 하고 있다. 이 점은 산신도의 경우도 마찬가지이다.

역경의 혁괘에는 '대인이 면목을 일신하면 그 문체가 빛을 발한다'고 하였으니 이것이 이른바 대인호변군자표면(大人虎變君子豹變)이라는 의미인데 곧 호랑이나 표범이 가을이 되어 털갈이를 하고 일변해서 아름다운 모양으로 나타나는 것처럼 정치 개혁을 진행하는 것을 비유하기도 한다.

역경의 '구름은 용을 따르고 바람은 호랑이를 따른다'의 내용과 회남자(淮南子)의 '호랑이가 울부짖으면 골짜기에서 바람이 일어난다' 라고 하였듯이 만인이 우러러보게 된다는 뜻일 것이다.

놀라움이란 존경과 신망 그리고 성취 등이 함축되어 있다. 범의 형상을 북쪽에 두면 바람을 일으키는 행운이 따르게 된다고 할 수가 있다.

용

용은 상상의 동물 중 하나이다. 풍수를 시작한 중국은 용을 최고의 짐승으로 숭앙하는 민족이다. 용은 사령(四靈: 용, 봉황, 구, 기린)의 동물 중 우두머리로 여긴다. 이는 금용(金龍)이라는 호칭에서부터 시작이 되었는데 권위의 상징이기 때문이다.

한방의 『본초강목』에 의하면 용의 머리는 뱀과 같이 생겼는데 뿔은 사슴의 그것과 같고 눈은 귀신의 눈과 닮았으며 귀는 소의 귀와 같으며 목은 뱀을 닮았으며 배는 큰 조개, 비늘은 잉어의 비늘, 발톱은 매, 발바닥은 호랑이를 닮았다고 기록하고 있다.

전설 속에서 보면 봉황은 용이 구름 속에서 학과 연애를 해서 생긴 짐승이라고 한다. 심지어 사자도 용의 자식이라는 말이 있다. 그래서 이 용을 동물의 우두머리라 한다. 구름 속에 반쯤 감추어진 용을 그린 그림이 많은데 이는 용이 신비스럽고 영험한 능력을 가지고 있다는 표현이다.

용의 종류는 대단히 많으며 그 종류에 따라 형태와 성질도 다르다. 예를 들면 비늘이 있는 교룡, 날개를 가진 응룡, 빛이 붉고 뿔이 있는 새끼용은 규룡이라고 한다.

용생구자(龍生九子)라는 말이 있는데 9용이라고 해서 아홉 자식이 있다는 의미이기도 하다. 성질로 보면 어떤 용은 무거운 것을 지기 좋아하고 어떤 것은 불을 좋아하며 어느 용은 멀리 보기를 좋아한다고 하여 그 성질이 각양각색이라고 한다.

민속을 통해서 보면 용은 홍수와 가뭄을 주재하는 수신으로 알려져 있다. 바다에서 항해와 조업을 주재하는 해신, 사악한 사기를 물리치고 복을 가져다주는 능력이 있다고 믿기도 한다. 또한 정치적으로 왕권과 나라를 수호하는 호국신으로도 알려져 있다.

사람들은 용의 다양한 성질과 신비한 능력에 의탁하여 바라는 바가 성취되기를 빌기도 한다. 그러니 수험에 합격한다는 것은 여기에 속한다. 무속에서는 이 용을 수신으로 섬기면서 풍요와 안전을 빌기도 한다. 궁중에서는 임금을 금용으로 대신하기도 한다.

민가에서는 용 그림이나 용(龍) 자를 대문에 붙여놓고 이

용의 능력을 빌려서 잡귀를 물리치기도 한다. 결론적으로 용은 인간에게 길상을 안겨주는 동물로 치부되고 있는 것이다.

용과 물

용은 물이 없는 곳에서는 활동이 제약된다. 물이 있으면 원기가 생생해진다. 물이 있는 곳에 두면 자신의 능력을 배로 발휘한다는 것이 특징이다. 그러므로 거실이나 방에 용 장식품으로 둔다면 물이 있는 어항 위나 그 좌우에 올려놓으면 힘은 배가 된다. 수험에 있어서도 물이 있다면 필히 합격의 영광이 있을 것이다.

용과 강과 바다

집에서 강이나 바다가 가까이 있다면 풍수에서는 그 환경이 좋다. 그러나 용과 멀리 떨어져 있다면 그 기운이 완전히 미치지 못한다. 석용(石龍)을 만들어 출입문 앞에나 창문 아래 혹은 베란다 난간에 놓고 물을 향해 두도록 한다. 물론 머리는 물 쪽을 향해야 한다.

이렇게 되면 용이 물을 접하는 것이므로 생왕의 기를 얻는다. 그러나 오염된 물이나 하수가 흐른다면 좋지 않다. 수험생을 위해서는 생왕기를 받기 위해 용 장식을 전시하는 것이 효과가 있다. 만약 물이 가까이에 없다면 용의 장식품을 북쪽으로 향해 놓는다. 북 방위는 수(水)이므로 기가 강해지는 방위이기 때문이다.

용과 수험생의 방

용을 침실이나 공부를 하고 있는 책상 방위를 향해 두는 것은 좋지 않다. 용의 빨간 눈은 등골이 오싹하여 마주치지 않는 것이 좋기 때문이다. 그러니 거실에 둘지언정 서재나 공부하는 방에는 두지 않은 것이 좋다.

거실 창문에서 강이나 바다의 물이 보인다면 그리로 머리를 두게 하고 만약 물이 없고 보이지 않는다면 거실 중심에서 북쪽으로 향해 놓도록 한다.

주의할 점은 무생(戊生, 개띠)인 수험생이 있다면 절대 이 용상을 두면 좋지 않다. 개와 용은 어울리지 못하는 짐승이므로 압살(壓殺) 기운이 있어 오히려 해로움을 주므로 절대 장식하지 않는 것이 현명하다.

용 그림이나 용(龍) 자를 쓴 서화를 방안에 걸어두는 경우가 있는데 이 역시 개띠라면 거부하는 것이 현명하다. 그렇지 않다면 서화를 금색 액자에 넣어 걸어두면 효과가 크다. 때로는 구룡(九龍)이라고 하여 아홉 마리가 그려진 서화가 있는데 아홉 마리 중 반드시 한 마리는 중앙에 위치해야 한다. 만약 군용에 주룡이 없다면 택운이 불안한 것은 물론 수험에 큰 지장이 초래될 것이다.

기린

  기린은 키가 크고 목이 긴 동물이다. 서울 같은 도시에서
는 동물원에 가야 기린을 볼 수가 있다. 기린은 용이 땅에서
암말과 결합하여 태어났다는 전설이 있다. 수컷은 기(騏)이
고, 암컷은 린(麟)이라고 하는데 이마에 뿔이 하나 돋아 있으
며, 기린의 목보다 사슴의 목보다 더 길다고 한다. 꼬리는 말
꼬리와 흡사하다. 말과 흡사한 발굽을 가지고 있으며 네 개
의 다리가 있다.

  『시경』에 보면 발이 있는 것은 차기 위해 있는 것이고 머
리에 뿔이 있는 것은 부딪치기 위해서이다. 그러나 기린은
그렇게 사용하지 않는다고 한다. 기린이 어진 성품 때문이라
고 기록하고 있다.

  이와 관련해서 어진 성군이 세상에 나올 때는 그 전조로
서 나타나는 상서로운 동물이다. 또 광아(廣雅)에서는 이 기

린에 대하여 다음과 같이 적고 있다.

'인(仁)을 머금고 의(義)를 품고 있어서 소리는 종려에 들어맞고 걸음걸이는 법도에 적합하고 살아 있는 벌레도 함부로 밟지 않는다.' 이것이 바로 기린이다. 그래서 밝은 임금이 나타나 행동거지를 법도에 맞게 처신한다고 한다. 그러므로 털가죽을 쓴 짐승 가운데는 기린이 그 우두머리가 된다고 적고 있다. 그러므로 역시 상서로움을 표시하는 동물이라고 할 수가 있다.

일찍이 중국의 전한 무제(武帝)는 누각을 세워놓고 기린각이라고 붙였다. 그리고 나라의 공신 11의 상을 누각에 화상(畵像)을 건 이래, 남자는 국가에 공로를 세워 자기의 얼굴이 이 누각에 걸리기를 바라는 것이 유일한 삶의 보람으로 믿었다. 이로 인해서 재주와 기예가 뛰어난 아이를 '기린아'라고 부르게 되었다고 한다.

기린상을 아이방 서쪽에 두고 공부를 열심히 하면 재주가 뛰어나게 된다. 기린은 서쪽 지역의 동물이라고 할 수 있기 때문이다. 기린상을 놓은 서쪽은 오염되지 않고 청결해야만 한다. 그러면 공부는 물론 존경도 받게 된다.

원숭이

원숭이는 12간지 중 신(申)에 해당된다. 이 원숭이는 제3기 팔레오세 중기에 식충목(食蟲目)에서 갈라져 나온 것으로 추정되고 있다.

포유 동물 중에서 사람을 가장 많이 닮은 짐승 중 하나라고 할 수 있다. 이 원숭이는 원래 우리나라에서는 살지 않는 동물 중 하나이다.

고려시대에 청자로 원숭이형 인장을 만들어 사용하는 풍습이 생겨났다. 손잡이 부분을 대개 원숭이형으로 만든 것이 대부분인데 이것은 원숭이의 총명과 밀접한 관계가 있다고 본다. 원숭이의 지혜로움을 받아들이고자 인장의 손잡이 부분에 넣게 된 것이 아닌가 한다.

아무튼 머리가 영민하다는 것은 틀림없는 사실이다. 이 때문에 일찍부터 조정에서는 이 원숭이를 이후라고 부르기도 했다. 이 후의 후 발음이 같은 것과 관련하여 제후의 의미를 지니게 되었으며 이것이 발전하여 관직 등용의 의미를 가지게 되었다. 그래서 아이방에 원숭이 모형을 장식하면 두뇌가 영민하게 된다.

말

B.C. 4000 경 고대 스메르시대의 점토문에 이미 말이 그려져 있는 것을 보면 그 기원은 상당히 오래 된 것으로 짐작된다. 동양에서도 B.C. 3000년 경에 이미 나타나 인간과 함께 해왔음을 알 수 있다. 우리나라에서도 말과에 속하는 노새나 당나귀 등과 더불어 밀접한 관계를 맺어 온 것이 사실이다.

말의 체구는 2~5m나 되며 배면은 현저하게 구부러져 있어서 올라앉기 좋다. 사지가 발달되어 달리기에 명수이다. 말은 사자나 범, 용처럼 용맹하다고는 할 수 없지만 거북이처럼 위험을 잘 피할 줄도 모른다. 싸움을 잘 해서 흥상을 억압

하지도 못한다. 그러나 위에서 말했듯이 달리기나 무거운 짐을 잘 날라 사람의 생활에 많은 도움을 준다. 이 말 장식을 좋은 방위로 향하게 해두면 기선을 잡고 억누른다. 이주(移駐)를 원한다면 장식을 역마성 방위에 놓아라. 소원을 이루게 된다.

남쪽이나 서북 방향에 놓으면 좋다. 오궁(午宮)은 원래 서쪽에 있다. 그러므로 오에 속하는 말은 오궁 방위라고 부른다. 사업이나 재운을 바란다면 남쪽에 놓아라. 말은 12간지 중 오(午)에 속하므로 서북방도 좋다. 말의 수는 2, 3, 6, 8, 9가 좋다고 하는데 그 중에서도 6마리가 가장 좋다. 6수는 녹색과 인연이 깊으므로 남쪽에 둔다.

가장 좋지 않은 수는 5인데 다섯 마리 말을 장식하면 좋지 않다. 그리고 각별히 유의할 점은 뱀띠생은 말과 어울리지 않는다는 것이다. 그러므로 가족 중에 뱀띠가 있으면 말 장식은 피한다. 또 말 그림을 거는 것도 좋지 않다.

반대로 범띠, 개띠, 돼지띠 등은 말과 잘 어울리므로 방위를 향해 놓으면 활기를 더 한층 받을 수가 있다. 수험에도 합격할 수 있는 파워를 받는다.

코끼리

　코끼리는 3종류로 분류하게 되는데 아프리카 코끼리, 인도 코끼리, 둥근귀 코끼리 등으로 나눈다. 이 코끼리는 피부가 아주 두꺼우면서 털이 적고 코는 다른 동물에 비해 길고 큰 것이 특징이다. 윗입술과 함께 원통형으로서 길게 뻗쳐 있고 맨끝이 돌기로 되어 있어서 능숙하게 물건을 쥐어 올릴 수 있다. 코가 손의 역할을 하는 것이다. 윗 잇몸의 앞니 두 개가 튀어나와 있는데 상아이다.

　코끼리는 이 상(象)자 역시 상아라는 뜻에서 생겨났다. 상아탑(象牙塔)이라는 말이 있는데 동물 중에서 가장 큰 동물인 코끼리에 비유한 것으로 심오한 학문을 쌓아올린다는 말이다. 이상적 학문의 전당이나 속세를 떠나 고요하게 예술을 사랑하는 태도나 도피적 학구 태도를 모두 통틀어서 이 코끼리에 비유하게 된다.

코끼리 장식품을 집안에 두는 것은 코끼리가 가진 덕성과 길상 때문이다.

코끼리 상(象)자는 길상에서의 상자와 발음이 비슷하여 길상의 동물로 일찍부터 전해지고 있다. 사람이 코끼리 등에 올라타고 앉아 있는 것을 기상(騎象)이라고 부르게 되는데 이 역시 기상 또는 길상과 그 발음이 유사하다는 데에서 비롯된 것이다. 그래서 코끼리 장식도 적당한 크기라면 집안에 놓아도 좋다.

거북이

금은방에 가보면 순금으로 만든 거북상을 볼 수가 있다. 황금 열쇠라고 하여 역시 금으로 된 열쇠도 있지만 거북이나 닭 모양도 볼 수가 있다. 이러한 조형물들은 모두 상징성이 있다.

옛 문헌에 나타난 거북에 관한 이야기는 풍수에서는 하도낙서(河圖洛書) 전설이 유명하다. 중국 하나라 우왕이 황하의 홍수를 다스릴 때 낙수(洛水)라는 곳에서 큰 거북이 한 마리를 건져올렸는데 이 거북이 등에 45개로 이루어진 아홉 개의 무늬가 있는 것을 보았다. 이 무늬가 뒤에 정치 도덕의 9가지 원칙인 홍범구주(洪範九疇)의 근원이 되었다고 한다.

용은 모든 동물의 우두머리라 하고, 봉황이 새 중에는 우두머리로 꼽히는 것처럼, 거북은 여러 개충(介蟲)의 우두머리로 꼽힌다. 용이나 봉황은 동물이나 조류라고 한다 하더라도 상상의 동물에 불과하지만 이 거북이는 실재 존재하는 동물이다. 위의 짐승이나 새처럼 영험스럽고 신령스러운 동물이다. 그러한 생각은 거북이 껍질을 불에 구워 그 트는 모양을 보고 미래에 대한 길흉을 점쳐 알아보게도 하였다.

또 한편으로 거북은 사방신의 하나인 현무(玄武)로서 북방을 지키고 수호하는 역할을 담당하는 수호신의 역할도 맡고 있다. 달의 회신과 수성(水性)과 더불어서 천지 음양의 상징으로 보기도 한다. 그뿐만 아니라 다른 동물보다 수명이 긴 생태적 속성 때문에 천년을 산다고 한다. 그래서 이 거북의 형태를 관찰하고 해석하여 융기한 것은 하늘의 법을 관찰한다고 하고 아래가 평평하고 네모난 것은 땅의 법을 의미한다고 했다.

이러한 거북이는 여름에는 연꽃 속에서 놀고, 겨울에는 연 뿌리에 숨는데 숨을 쉬면 검은 기운이 있어서 연무 같고 이 연무를 내뿜어 환영의 궁전을 조성한다고 믿었다. 간혹 문양이나 그림에 등장하는 거북 모습을 보면 마치 담배 연기처럼 서기를 내뿜는 것을 보게 되는데 이것은 거북이 신령한 동물 또는 상서의 징후를 나타내는 것이다.

이 때문에 사람들은 이 거북 모양을 십장생도를 비롯하여 해구도, 신구도, 쌍구도 등의 형식으로 나타내었고 문방구, 인장, 가구 등에도 흔히 사용하게 되었다. 이 때문에 거북상을 책상 위에 올려놓고 공부를 하면 공부가 잘되고 시험을 치르면 합격의 영광을 얻는다고 한다. 아무튼 이 거북상이 개인의 신상에 행운을 준다고 믿었다.

세 발 두꺼비

네 발 발가락은 있어도 세 발 두꺼비는 드물다. 하지만 장식용으로 된 두꺼비에는 세 발 두꺼비가 있다. 3정(鼎)이라는 의미에서 생겨난 뜻이다. 3정이란 가마솥에 다리가 3개 붙어 있다는 것에서 생겨난 말이다.

예를 들어 옛 중국에서 천자는 9정, 제후는 7정, 대부는 5정, 원사는 3정이라고 하여 9, 7, 5, 3의 4가지 등급으로 이루어져 있었다. 이처럼 권위와 존귀, 그리고 귀천을 가진 상징물이 바로 두꺼비이다.

또 옛날이나 지금이나 돈은 누구나 가지고 싶은 귀중한 보배이다. 돈이 적고 많음에 따라 사람의 인생이 달라지기 때문이다. 옛 엽전인 상평통보를 잘 알고 있을 것이다. 여기서 상평통보는 늘 편안하다는 뜻이 담겨 있다. 돈이 있는 곳에는 편안이 있다는 의미일 것이다. 그러므로 돈에는 장명부귀(長命富貴)와 부귀만당(富貴滿堂)이 있다.

또한 섣달 그믐날 밤 자녀들에게 엽전을 나누어 주는 풍습이 있었는데 이 엽전을 가지고 있으면 요괴와 마귀가 범접하지 못한다는 의미가 있다. 이것을 압세전(壓歲錢)이라 한다.

두꺼비는 옛부터 행운을 가져온다고 알려져 있다. 이와 같은 세 발 두꺼비가 엽전을 물고 엽전더미 위에 올라 앉아 있다면 재운은 물론 사업운, 합격운 등을 몰고 온다는 의미가 있을 것이다. 그래서 이 두꺼비 장식을 집안에 두거나 거처하는 방에 두면 한층 행운을 받을 수 있다. 이것은 합격이나 취직 성공운에도 적용이 된다.

오동나무로 만든 솟대

봉황은 용과 같이 하나의 상상의 동물이다. 이 봉황은 오동나무에만 앉는다고 전해진다. 이 새는 고상하고 품위가 있어 왕비에 비유된다. 또 태평성대를 의미하며 상서로운 동물로 널리 알려져 있다.

전설에 의하면 수컷의 봉(鳳)과 암컷의 황(凰) 한 쌍을 일컬어 봉황이라고 이름 지었다고 한다. 또 용과 학이 어우러져 낳은 짐승을 봉황이라고 한다. 봉황의 외형적 특징은 목은 배의 그것과 흡사하고 턱은 제비의 턱, 등은 거북이의 등, 꼬리는 물꼬리와 유사하다고 한다.

이 새는 단혈산에 산다고 하는데 이 단혈이라는 곳은 바로 중국의 조양(朝陽)이라는 곳이다. 조양은 곧 태양을 마주하는 길운의 징조를 상징한다. 봉황을 흔히 단봉이라고 하는 것은 바로 이 단혈에서 생장하기 때문이다.

봉황은 다섯 가지 덕을 갖추고 있는데 첫째, 머리가 푸른 것은 인(仁)이 있기 때문이고 두 번째는 목이 흰 것은 의로움 때문이다. 붉은 틀은 예(禮), 또 가슴 부분이 큰 것은 지(智), 다리 아래가 누런 빛을 띠는 것은 신(信)을 상징한다.

이보다 더 중요한 것은 살아 있는 곤충과 풀은 먹지 않는다. 먹고 물을 마시는 것도 자연스럽게 절도에 따라 행한다고 한다. 퉁수의 소리를 내며 그 음계는 5음을 나타낸다고 한다. 군집 생활을 하며 오동나무가 아니면 깃을 틀지 않는다. 그러므로 오동나무 역시 존귀한 나무 중 하나이다.

오동나무를 깎아 만든 솟대를 목표하는 시험 방위를 향하도록 놓으면 반드시 합격을 한다고 한다. 솟대는 대개 사립이나 대문 설주에 높이 꽂아놓되 때로는 왼쪽으로 새끼를 꼬아 조리를 만들어서 이 안에 봉황새를 오동나무로 만든 솟대를 세우면 지혜가 생기고 공부가 잘 되며 시험을 보면 여지없이 합격한다는 것이다.

왼쪽으로 새끼를 꼬는 것은 용의 용두림이라고 하는데 용은 왼쪽으로 틀어 감는다. 이런 조리 속에 아이가 사용하던 연필 세 자루를 넣어두면 시험을 잘 보게 되고 높은 점수로 합격을 한다. 이는 용이 승천하는 기세이고 봉황을 태웠으니 무엇이든 이루지 못할 것이 없다는 뜻이다.

봉황이라 왕비에 비유되어 귀한 의미를 듬뿍 안고 있다. 귀

하다는 의미는 높은 벼슬
과 만백성이 우러러
보는 존귀 바로 그
것이다. 그러므로
지혜가 번뜩이고
영민하여 성공할
수 있는 짐승이라
고 할 수 있다.

　그래서 그런지 이
봉황은 귀인들의 예복이
나 장신구 혹은 가구 공예 등 여러 방면에 사용되어 왔다. 아
무튼 오동나무로 만든 솟대가 아이의 소망대로 모든 것을 이
루어줄 것이다.

학(鶴, 두루미)

학은 두루미과에 속하는 조류이다. 목과 다리가 길며 부리는 15cm 안팎으로 아주 강하고 단단하다. 날개의 길이는 65cm으로 꽁지는 흑색이다. 부리 아래에서 목 중간에 걸쳐 검은 띠가 있으며 이마는 붉다. 가슴과 배는 흰색이다.

우리나라에는 이른 봄에 왔다가 초겨울에 북쪽으로 옮겨간다. 옛 사람들은 신비롭고도 영적인 새로 인식해 왔고 꿈과 희망을 나타내기도 한다. 그래서 학 장식을 가까이 두면 희망을 이룬다고 한다.

사람에게 있어서 희망은 역시 물질이나 명예에 관련된 것일 확률이 높다. 이처럼 명예를 얻는다는 것의 시발점은 수험에 합격하는 것이다.

'상학경기(相鶴經記)'라는 글에서 보면 '학은 양의 새로서 금기(金氣)에 의해 화정(火精)을 의지하니 화는 곧 7이요, 금은 9이다. 그러므로 더하면 16이 되는데 16년은 소변하고 60년에 대변한다' 라고 기록이 되어 있다.

1100년에 모양이 넓어지고 흰색이 된다고 한다. 2년에 잔털이 떨어지며 검은 점으로 변하고 3년에 머리가 붉게 변한다. 7년에는 하수를 치고 또다시 7년이 지나면 절도를 터득하게 된다고 기록되어 있다. 밤과 낮 12번 울며 60년에는 큰털이 빠지며 뭇털이 무성해진다. 깃털은 눈덩이처럼 희어서 검은 진흙탕에서도 더럽혀지지 않는다고 되어 있다. 160년에 암수가 만나 눈을 마주쳐 암컷이 잉태하게 된다.

물을 먹기 위해서 부리가 길며 앞은 휜출하고 뒤는 짧다. 땅에 깃들기 때문에 다리가 길며 꼬리는 초라하다. 구름 위에 날기 때문에 털은 풍성하나 몸은 깡마르고 가볍다. 날개 달린 동물 가운데 우두머리라고 칭한다. 신선이 이 학을 타고 하늘을 난다고 한다. 이러한 묘사만 보아도 학이 얼마나 고고하고 아름다운 새인지 짐작할 수 있다. 학수천년(鶴壽千年), 송수만년(松壽萬年)이라는 말도 이 때문에 생겨난 것이라고 한다. 그러므로 학은 모든 길상의 의미를 간직하고 있다.

위에서도 언급하였듯이 학은 양의 새이다. 그러므로 음의 방향에 놓으면 좋다. 음은 서쪽을 의미하므로 서쪽에 학을 장식해 놓으면 음양이 조화를 이루어 가정이 화평하고 수험생에게는 합격의 영광을 얻을 수 있다.

특히 천수를 누리는 장수 새라 하였으니 사람의 건강에도 좋을 것이다. 이와 반대로 나쁜 점도 있는데 부리 때문이다. 이 날카로운 부리는 무엇인가 쫓는다는 의미도 있다. 기가 많이 소모된다고 한다. 그러므로 기가 강한 집안에서 서쪽을 향해 학 장식을 놓으면 아주 이상적이다.

까치가 연밥을 쪼다

연꽃 하면 어쩐지 불교 냄새가 풍긴다. 연등도 연꽃 모양이기 때문이다. 경복궁 자경전에 가보면 연꽃 모양이 새겨진 그림이 있다. 연당 주변의 모습을 그림으로 표현하였다고 하는데 이는 '인간사의 보편적 즐거움과 또 한편으로 부부 금실'을 나타낸 것이라고 한다.

연꽃, 물새, 나비, 물고기 등 일련의 연당 그림을 묘사한 것이라고 한다. 사실 그래서 그런지 연꽃만큼 생활 문양으로서 폭넓은 사랑을 받는 꽃도 드물다. 연꽃을 보편적으로 '연화' 혹은 '하와'라고 부르는데 옛사람들은 부용, 수화, 부거라고 부르기도 했다.

연꽃에 관한 기록은 『시경』에 정풍(鄭風)이나 이아(爾雅)에 잘 나타나고 있다. 여기서는 부거라는 이름으로 기록되어 있다. 그리고 연꽃의 열매를 연방, 연꽃 씨앗을 연자라고 한다.

옛날부터 연꽃은 생명의 창조, 번영의 상징으로 사랑받았는데 그 까닭은 연꽃 씨앗의 강인한 생명력 때문이라고 한다. 이 생명력의 강인함을 한 마디로 표현하기 어렵다는 것이다.

손문이 중국 산등성 제남 백작상 이탄층에서 발견된 연꽃 씨앗을 일본에 보내 3년 만에 꽃을 피웠다는 사실이 있다. 지하 37m 이탄 층에서 약 2천여 년 전의 씨앗을 찾아내어 이 또한 발아시켰다고 한다. 이토록 질긴 생명력 탓에 대하련이라는 이름을 얻었다.

『본초강목』에서 보아도 연꽃은 그 생명력이 강하여 가히 연구적이다. 연방은 생명의 기운을 지니고 있으며 뿌리에 트는 싹은 끊임없이 자란다는 기록이 있다. 불교에서는 이 연꽃을 청결, 순결의 상징물로 여기고 있는데 그것은 연못이나 늪에서 자라고 있지만 오물에 물들지 않는 까닭이다.

연꽃의 이와 같은 속성을 불교의 교리와 연결하여 초탈, 혹은 보리, 정화 등 관념의 상징으로 여기고 있다. 관음보살이 연화 위에 앉아 있고, 항상 연화에 앉아 있는 것은 탈속, 청정무념, 고도의 각성의 경계를 나타내고자 한 것이다. 그리고 불전 중에 묘법연화경이라고 한 것도 경전의 결백미를 이 연꽃에 비유한 것이며 관음 신앙의 세계를 연화장 세계라고 한 것도 이 연꽃의 상징성과 깊다.

또 다른 의미를 생각한다면 더러운 흙에 자라지만 물들지 아니한다(出于汚泥不染) 하는 의미는 불교 이념에만 있는 것이 아니다. 그것은 군자의 청빈과 고고함을 비유하기 때문이다. 또한 연꽃은 도교의 팔신 가운데 하나인 하서고가 항상 지니고 다니는 것이 이 연꽃이다. 이 때문에 신령스러움이 곁들어 있다.

이외에 연꽃이 지니고 있는 생태적 특징 중의 하나가 모든 식물은 꽃을 피운 후 열매를 맺게 되어 있는데 오직 연꽃만은 꽃과 열매가 함께 맺는다는 것이다. 그러므로 연꽃을 귀히 여기고 가까이 두면 공부가 잘 되는 것은 물론 모든 시험에도 무난하게 합격한다는 뜻을 간직하고 있다.

그림에는 연못에 떠 있는 연꽃을 중심으로 해서 나비 혹은 물고기 등의 풍경과 함께 그려진 그림들이 많다. 물론 여기에는 의미나 뜻이 담겨 있겠으나 특히 희득연과(喜得連科)라고 하여 까치가 연밥을 쪼고 있는 그림은 과거에 연이어 급제를 하게 된다는 의미가 담겨 있다. 그렇다면 아이방 벽면에 이와 같은 그림 한 장쯤 걸어둔다면 공부는 물론이거니와 시험에도 연달아 합격될 것이다.

꽃

꽃은 아름다울 뿐만 아니라 그 향기로도 사람의 기운을 북돋아준다. 이 때문에 꽃이 있는 곳에는 행운이 따라준다. 특히 수험생들에게 결정적인 역할을 한다.

방안이나 거실에 꽃을 장식하면 최대의 효과를 얻을 수 있을 것이다. 계절에 맞는 꽃을 장식하는 것이 중요하다. 근래에는 온실 재배가 성행하면서 계절에 관계없이 각종 꽃을 생산해 내고 있다. 봄에 피는 꽃을 여름이나 가을에도 볼 수도 있고 여름 꽃을 겨울에 피게 할 수도 있다. 하지만 풍수에서는 되도록 계절에 어울리고 피는 꽃이라야 효과가 있다.

꽃은 행운을 상징한다. 행운이란 소망이 이루어지는 것, 시험에 합격하는 것도 그 중 하나일 것이다. 꽃을 보면 아름답다는 생각이 제일 먼저 들 것이다. 기 역시 아름다운 것을 좋아한다. 꽃에는 향기가 있다. 좋은 향기가 있는 곳에서는 기분도 좋아지고 머리 역시 깨끗해지기 마련이다. 깨끗하다는 것은 명석하다는 것과 같다.

그러므로 꽃을 가까이 두면 머리속이 맑아지고 공부도 잘 되기 마련이다. 공부가 잘 된다는 것은 합격의 가능성이 그만큼 높은 것이다. 그러므로 책상 위에 자신이 좋아하는 꽃을 가까이 두고 공부를 하면 합격을 이룰 수가 있다.

꽃병은 쇠로 만든 것보다 크리스탈이나 도자기가 좋다. 도자기는 흙이기 때문이다. 꽃은 자신에게 유리하고 좋은 방위에 반드시 놓도록 해야 한다. 색깔은 어두운 꽃보다 밝은 꽃이 일반적으로 행운이 크다는 사실을 명심해야 한다.

관엽식물

풍수는 환경학인 동시에 자연학이므로 식물과 풍수는 궁합이 잘 맞는다고 할 수 있다. 환경학적으로 식물이 우리에 어떤 이로움을 주는지는 이미 널리 알려져 있다. 아마 이 지구상에 식물이 없다면 우리는 한시도 살아갈 수 없을 것이다.

기운이 강하게 작용하는 곳에 식물을 놓아두는 것만으로도 나쁜 운을 중화시키고 개선할 수가 있다. 그러므로 수험생 방에 이 식물은 절대 필요한 존재이다.

외출에서 돌아와 방문을 열면 제일 먼저 반기고 시선이 머무는 것은 식물일 것이다. 그곳에서 발산하는 기가 먼저 맞아주기 때문이다. 그러므로 식물은 에너지원이 될 수 있다.

방안의 좋지 않은 기를 위해서 화분이나 식물을 놓아 균형을 잡아주는 것이 현명하다. 그러나 너무 큰 식물이나 작은 식물은 그리 좋지 않다.

동양학의 음양 철학은 무엇이든 과해서도 안 되고 모자라서도 안 된다. 천장 높이가 2.4m 이하의 방에 수험생이 있다면 1.8m 이상되는 식물은 좋지 않다. 방 주인의 눈에 거슬릴 뿐만 아니라 오히려 방의 중심이 되고 말기 때문이다. 또 사람과 식물과의 기운에 방해가 된다. 그러므로 책을 봐도 잡다한 공상만 떠오를 뿐 책에 몰두할 수가 없다.

1.8m 이상 되는 나무를 놓아도 좋은 방은 천장이 2.4m 이상 되어야 한다. 그뿐만 아니라 많은 화분을 두면 식물에게 방의 기운을 빼앗길 염려가 있어서 도리어 흉상이다. 방안 크기나 높이에 비례하여 절대 높고 많은 것은 좋지 않으며 그렇다고 지나치게 적은 것도 문제가 된다. 그러므로 음양을 조절하는 중용이 필요하다. 그리고 한 가지 더 명심해야 할 일은 키가 많이 자라는 식물과 가시 돋힌 식물은 금기이다.

작은 화분에 예쁜 선인장은 공부방 책상 위에 올려놓아서는 안 된다. 특히 책상 오른쪽 위에 올려놓아서는 더더구나 안 된다. 식물 화분을 놓을 때는 기가 왕성한 방위를 정해놓는 것도 중요하다. 그리고 수험생 방에는 소철, 고무나무, 만년청, 난, 대나무 같은 상록이나 화분이 좋다.

필자의 경우에는 서재에 작은 오죽(烏竹, 대나무) 화분을 기르고 있는데 무척 사랑스럽다. 대는 평안의 산물이라는 것을 중국의 한 고서에서 읽은 일이 있는데 그 말을 몸소 체험하고 있다. 과거에 급제한다는 뜻도 들어 있다.

옛부터 선비 집 뒤울안에 대나무를 많이 심는 뜻은 이런 까닭일 것이다. 대나무가 없다면 대나무 그림이나 목단 그림도 좋다. 목단은 부귀의 상징으로 알려져 있다. 부귀는 출세와도 관련이 있다.

일반적으로 집안에 식목을 심는 것은 재물을 가져오고 부귀영화가 있으며 집주인이 귀하게 된다. 그러나 수목을 집 앞(마당)에 심는 것은 길하고, 집 뒤에 심는 것은 흉하다.

주택을 중심으로 사방에 대나무를 심으면 재물을 늘릴 수 있다.

정원에 주로 나무를 심되 문 앞 마당에 대추나무를 심으면 길상을 더한다.

정원의 중심에 큰 나무가 있으면 한유로움이 있어 좋지 않고 화가 초래된다.

고목이 마당에 있어도 화가 있다.

이는 풍수 고서에 설명되어 있는 것이다. 나무 종류에 있어서도 양과 음이 구분된다.

양＿대나무, 단풍나무, 야자나무, 아카시아 나무, 벗나무, 앵

두, 감, 국화 등

음__바나나, 포도, 무화과, 파파야, 배나무 등이다.

자녀들의 수험을 위해 정원이나 거실 혹은 방에 위의 식
물을 두되 음양을 조화롭게 하고 방위에 알맞게 놓는다면 큰
효과를 기대할 수 있다.

재산__귤나무, 목단, 자약

장수__소나무, 대나무, 배나무

지성(수험 합격)__대나무, 수선화

인간관계__복숭아, 난초, 자스민

아름다움__장미, 자두, 삼나무, 동백나무

안정된 일__아카시아

순산(자식복)__석류

그림

　풍수에서는 그림을 대단히 중요시한다. 기를 불러준다고 믿기 때문이다. 풍경화, 꽃, 남국의 그림, 서양의 거리 풍경, 과일 정물화, 교회나 사찰의 그림, 가족 사진 등이 여기에 속한다. 또한 이 그림들은 방위에 따라 행운이 깃들어 있어서 수험 에너지에도 도움을 준다.

　그러나 거실이나 방의 넓이나 크기에 따라 그림 크기도 적당해야 한다. 방 벽에 거는 그림은 20호를 기준으로 하여 큰 것은 양(陽)에 속하고 그 이하는 음(陰)에 속한다. 그림의 내용에 따라 음양이 나누어지기도 한다.

　양_봄이나 여름 풍경화, 푸른 하늘과 태양, 산과 초원
　남성__자동차나 기차, 많은 인파, 바다, 직선적인 터치의 그림, 밝은 색깔의 그림

음_강이나 물, 가을이나 겨울 풍경화, 밤이나 먹구름

여성_가구나 실내를 그린 그림, 종교화, 교회, 어두운 색채의 그림

이외에도 석판화, 족자, 붓글씨 등도 그 내용이나 말, 문자에서 받는 이미지로 음양을 분류한다. 일반적으로 먹은 음의 기를 발산하며 그림물감이나 페인트 색채는 양으로 여긴다.

이제 방위에 맞는 그림을 살펴보자.

북쪽_핑크색 꽃 그림, 밝은 이미지의 항구나 호수(물가) 주변 그림 등이 좋다.

북동쪽_아침 풍경, 눈쌓인 산의 그림, 하얀 꽃 그림

동쪽_빨간 열매, 빨간 꽃 그림, 아침 햇살(태양) 그림, 차량(승용차) 그림이 좋다.

동남쪽_4색채가 들어 있는 그림, 봄이나 여름의 풍경 그림, 여자나 항구의 그림

남쪽_바다 그림, 초원 그림, 남구 이미지의 그림

남서쪽_전원 풍경, 과일과 야채의 정물화, 꽃무늬 커튼 그림

서쪽_노란 꽃 그림, 가을의 풍경화, 유럽 도시의 그림, 여자 그림

북서쪽__유럽 교회 그림, 대도시의 밤 경치, 하늘의 별 그림, 개울이나 물가의 그림

방과 통일감 없는 그림을 걸어두거나 무턱대로 벽면에 많이 걸어두는 것은 좋지 않다.

꽃 그림은 가족이나 자신의 행복을 의미하고, 산 그림은 금전운을 대체로 좋게 한다. 아름다운 풍경화는 본래의 성격과 의지력, 인내력, 재능을 꽃피게 해준다.

보석과 돌

한때 남한강 상류에서 귀한 돌이 모두 사라졌을 정도로 돌 채취가 유행처럼 번진 일이 있었다. 지금도 어떤 회사의 경영진 사무실 한켠에 이 돌이 장식되어 있는 것을 종종 볼 수가 있다. 돌조각 하나에 수십, 수천만 원 한다고 하니 지나친 사치가 아니랴 싶다. 하지만 이런 돌만 있는 것이 아니다. 산에서 채취하는 옥돌이나 자수정도 일종의 돌이다. 위의 돌은 돌의 질이나 형태로 그 값이 매겨지고 아래의 보석 돌도 그 질과 가공 기술에 따라 값이 달라진다.

영국 여왕의 금관에 박힌 보석은 수천금 한다고 하니 놀라운 일이 아닐 수 없다. 우리나라에서는 춘천이나 경주 남석 옥돌을 제일이라 하고 자수정은 경남 언양의 자수정을 알아준다고 한다. 하지만 풍수에서 돌의 가치는 보석이 의미가 아닌 그 자체가 가진 강한 파워에 따라 좌우된다. 이러한 돌류의 보석은 한마디로 풍수에서 가장 중요시하는 음양의 균형을 깨트린다.

보석이나 돌은 기와 부딪히게 되면 뚫고 가려는 힘과 본래의 성질은 지키려고 하는 강한 에너지 싸움으로 반란을 일으키는 경우가 있다. 뿐만 아니라 수석의 생김새에 따라 길운이나 불행을 안겨주므로 거실이나 사무실 또는 방안에 놓은 것을 신중히 고려해야 한다.

대체로 북서쪽, 북쪽, 북동쪽에 이러한 돌이나 보석류를 두면 행운을 얻을 수 있다. 만약 수험생 방에 이와 같은 돌이 있다면 북서쪽, 북쪽, 북동쪽에 두는 것이 현명하다. 그러나 색깔과 광채가 다르기 때문에 다시 한 번 신중을 기하기 바란다.

문창탑(文昌塔)

글을 이루게 하는 탑, 즉
글을 융성케 하는 탑이다.
이 탑은 보통 9층으로 이루어져 있는데 이 장식을 가까이 두
면 공부가 잘 된다고 한다. 집중력이 생긴다는 것이다.

수험생이나 고시 공부, 취직 시험을 준비하는 사람의 책상
위에 올려놓으면 좋은 성적을 얻을 수가 있다. 또 회사의 경
우 기획, 혹은 연구실에 놓아두면 좋은 아이템이 쑥쑥 나올
것이다.

회의 장소에 두면 의견 교환도 활발하게 이루어진다. 일종
의 안테나 역할을 하는 것이다. 안테나의 사이클이 자신과
잘 맞으면 두뇌 활동이 증가할 수 있다. 문창탑은 동(銅)이나
토(土)로 만들어져 있는 것이 보통이다.

거울

풍수에 있어서 거울은 대단히 소중한 의미가 있다. 거울의 역사는 참으로 오래 되었다고 할 수 있다. 우리나라에 거울이 전해진 것은 중국으로부터 금속문화가 들어오기 시작하면서부터이다. 거울거울은 여러 기를 안겨주지만 그 위치에 따라서 길흉이 나누어진다.

현관에 들어섰을 때 왼쪽에 거울이 있는 집은 돈을 쓰는 데 불편을 느끼지 않지만 구두쇠라는 소리를 듣기 쉽다. 거울이 오른쪽에 있는 집은 명성이나 지위가 상승된다고 하니 합격의 영광을 얻을 수가 있을 것이다. 그리고 사람들에게 호의나 존경을 얻는다. 단 거울을 자주 닦지 않아 먼지가 쌓여 있거나 사람의 손자국이 남아 있고 현관 크기에 비례해 지나치게 크다면 다른 사람과 자주 다투게 된다.

거울은 테두리가 있는 것이 좋다. 유리로만 되어 있는 거울은 행운을 걷어차는 것과 같다. 그러나 8괘형 거울은 불운이 8방에서 침범하지 못하는 것이므로 행운이 있다고 할 수 있다. 특히 수험생이 있는 공부방에서 주의할 것이 있다. 누운 자리에서 상체가 비춰지는 거울은 공포심을 안겨주어서 수험에 지장을 줄 뿐만 아니라 성적도 좋지 않다.

팔괘형(8卦型) 시계

풍수는 이 8괘를 양택 8방위의 근본으로 삼고 있다. 8각탑, 8각정 등은 모두 8방에서 오는 복을 거두어들인다는 의미가 있다.

이는 풍수의 근원으로 복희(復羲)라는 임금이 황하에서 나온 거북 등에 있는 도형을 보고 계시를 얻은 것이다. 위로는 천문을 보고, 아래로는 지리를 살펴보게 되는 원리로 24산도 있으나 이 8괘에서 나온 것임을 알고 있다.

음양소장(陰陽消長)의 상태와 모든 길흉화복이 여기에 설명되어 있다. 천지 자연과 인생 길흉도가 그 안에 포함되어 있다. 이러한 원리를 생활에 적용한다면 천지도에 합치될 수 있다고 믿는다.

아이방에 이 8괘 시계를 걸면 복을 받을 수 있다. 책상머리에 8괘 시계를 놓아두어도 좋다. 홍복을 받을 수가 있기 때문이다. 건강, 공부, 시험 등 미래에 관한 홍복을 가득 받아들일 수가 있기 때문이다.

익선관(翼禪冠)

한나라 때 고관들의 머리에서는 관을 선관(蟬冠)이라 불렀다고 한다. 표범 꼬리와 매미 문양으로 장식을 했기 때문이라고 한다. 우리 조상들의 관복(사모관대)에서 사모에는 양쪽 날개깃과 급제한 이가 쓰는 모자에는 매미 수염 같은 두 가닥이 늘어져 있다. 이것이 바로 선관이다.

이것은 매미를 비유한 것으로 매미는 다른 곤충과는 달리 이슬만 먹고 산다고 한다. 청빈을 의미한다. 그뿐만 아니라 이 매미는 애벌레에서 번데기로, 다시 번데기에서 껍질을 벗고 성충으로 변신을 하는 과정을 겪어 태어나므로 재생 능력을 상징한다. 그러므로 선비의 정신과 조금도 다를 것이 없다.

매미는 높은 나뭇가지에 올라 양(陽)에 접근을 하고 공기와 이슬만 먹고 산다고 하여 자라는 아이에게는 큰 기를 준다고 믿고 있다. 그래서 책상 위에 매미상(禪像)을 곁에 두고 공부가 잘 되는 것으로 알려져 있다. 옛 선비들 등장에는 이 매미상을 붙인 등장대가 있는 것은 이 때문이다.

옛 여성들의 노리개나 생활 소도구에서 이런 문양이나 장식을 흔히 볼 수 있는데 낭군이나 아들의 알성 과거 급제를 염원하는 뜻이 담겨 있다.

위협에서 물리칠 수 있는 주문

세상이 어찌되려고 이렇게 악해져만 가는지 모르겠다. 우리가 어렸을 때와는 천양지차이이다. 그때도 동급생 중에는 주먹깨나 쓰는 친구가 없었던 것은 아니다. 쉬는 시간에 화장실이나 교사 뒤뜰로 불러내어 주먹으로 한두 대 얻어맞기은 기억이 있지만 돈을 내놓으라는 협박은 받아보지 못했다.

근래에는 돈을 요구하는 사례가 보통이다. 주머니를 뒤져보고 없으면 내일 등교 때 가져오라고 협박을 일삼는다. 그러니 학교 갈 엄두를 내지 못하고 고민에 쌓인다.

만약 이런 이야기를 부모에게 하면 당장 학교 선생 귀에 들어갈 것이고 일이 커지면 그 앙갚음으로 더 큰 혼쭐을 당한 것은 당연한 일이다. 그러니 아이의 고민이 오죽하랴.

어느 학부모가 이런 아이의 고민을 가지고 필자를 찾아왔다. 중 2 여학생의 일이다.

다른 학급에 무서운 그룹이 있는데 며칠 전 그들이 아이를 에워싸고 새학기 때 같은 반이 되면 가만두지 않겠다는 협박을 받았다는 것이다. 아이는 반이 바뀌는 내년을 생각하면 두려워서 견딜 수가 없다는 것이다. 불안이 극도에 달해 옥상에서 뛰어내리려 한 적도 있다며 도와달라고 간청하는 것이었다.

나는 주문 하나를 일러주었다. 나중에 새학년이 되었으나 그 주문의 영험 때문인지 다른 반으로 가게 되었다는 소식을 들었다. 가끔 텔레비전이나 영화에서 아이들이 친구들에게 협박을 하고 몽둥이로 패는 장면을 보기는 했지만 실제로 이런 일이 벌어지다니 놀랄 일이다. 이러니 어떻게 우리 아이들이 마음 놓고 공부할 수 있겠으며 장차 어떤 일이 벌어질지 암담한 현실이 아닐 수가 없다.

이 학생 말고도 자살하고 싶다는 이메일을 여러 통 받은 일이 있다. 자신의 인생을 그렇게 쉽게 다루면 안 된다는 답장을 보내기는 했지만 그 뒤 일은 잘 모른다. 죽을 각오가 되어 있다면 그 마음으로 현재의 일을 슬기롭게 극복하고 해결해야 한다. 무엇도 두려워할 필요가 없다.

이런 일이 벌어지면 적극적으로 조사해서 본보기로 보여주어야 한다. 그리고 위협으로부터 몸을 지키는 방법을 연구해야 한다. 즉 아래와 같이 붉은색으로 적어 지갑 속에 잘 간직하고 다니면 좋다. 하지만 반드시 기억할 일은 성명, 연령, 바람을 함께 적어넣어야 한다.

호부도(護符圖)

그 옛날 우리네 어머니들은 남편이나 자식이 무엇을 이루고자 하거나 병이 들었을 때 천지 신명께 지성으로 염원을 빌곤 했다. 정한수 한 그릇을 떠놓고 마음과 정성을 다해 바라는 소망이 이루어지기를 기원을 하였던 것이다. 그것이 염력이다.

그렇듯 목표를 정한 학교가 있다면 염력을 이용할 필요가 있다. 입학하고자 하는 학교 사진이 있으면 방에 걸어두고 그 학교에 다니는 모습을 생각해 볼 필요가 있다.

그리고 그 학교 주변은 물론 강의실 안에 들어가 의자에 걸터앉아볼 필요가 있다. 그러면 학교에 더 친근감을 느끼게 되고 장래 이 건물 안에서 공부를 하고 있을 자신의 모습을 그려볼 수가 있기 때문이다.

시험을 잘 치르기 위해 답안지를 잘 적는 것도 중요하지만 면접 시험은 그저 막연하게 치러서는 안 될 일이다. 다시 말하자면 염력 없이 막연하게 수동적으로 응답을 해서는 안 된다는 것이다. 반드시 합격하고야 만다는 염력이 없어서는 안 된다는 것이다. 염력이란 상대를 꿰뚫어 관통한다는 생각 없이는 합격이 불가능하다. 그러기 위해서는 언제나 긴장 상태에서 학교나 교실만을 머리속에 떠올릴 필요가 있을 것이다. 마지막으로 학교 이름을 고운 한지에 붓으로 정성스럽게 써서 그것을 책상 앞에 붙여두는 것도 염력법에 하나라고 할 수가 있다.

입사 시험에 합격하기
위한 부적

호부도라는 것도 일종의 염원을 담는 것으로 미신으로 돌리기보다는 심리적으로 안정감을 주는 것으로 배척할 일은 아니다. 그러므로 대학 합격을 기원한다면 아래와 같은 호부도를 정성을 다해 써서 자신만이 알게 지니고 수험장에 들어가 시험을 보도록 한다. 글씨는 반드시 붓으로 한지에 써야 한다.

지망 학교에 패스하기
위한 부적

지망 학교에 패스하기
위한 부적

학교 가기 싫어하는 경우

학교가 싫어 등교를 거부하는 아이가 많다. 그 원인은 여러 가지가 있을 수 있다. 가령 선생님을 좋아하는데 선생은 다른 아이를 귀여워해 준다거나 옆자리의 짝꿍이 귀찮게 하거나 그 이유는 여러 가지이다.

최근 중학교 3학년이라는 여학생으로부터 편지를 받았다. 같은 반 B라는 남학생을 좋아하는데 그 학생은 전혀 아랑곳하지 않는다는 것이었다. 일주일 후 수학 여행을 가는데 어떻게 하든지 그때까지 자신의 마음을 전하고 싶은데 어떤 방법이 좋을지 모르겠다고. 그래서 학교에 가기도 싫어진다는 내용이었다.

아직 철이 없는 여중생이 B군에게 차가운 대접을 받게 되면 학교가 싫어지고 등교 거부를 하고 어쩌면 자살을 하려고 할런지도 모른다고 생각하니 눈앞이 캄캄했다. 아이에 따라 다르겠지만 이런 경우 이 아이처럼 학교를 싫어하고 등교를 거부할 수도 있다. 뿐만 아니라 자살을 기도하는 아이도 있을 수 있다. 그러므로 아이가 등교하기 싫어하는 원인을 세심하게 살필 필요가 있다.

등교를 싫어하는 아이를 위해서는 본인이나 부모 중 어느 한 사람이 아래의 부적을 적어서 아이방 입구에 붙여두면 등교 거부가 사라질 수 있다.

성공으로 이끄는
합격 풍수 인테리어

초판 1쇄 인쇄일 / 2005년 4월 5일
초판 1쇄 발행일 / 2005년 4월 10일

지은이 / 황종찬
펴낸이 / 문관하
펴낸곳 / 문원북

출판등록 / 1992. 12. 15. 제4-197호
주소 / 서울시 마포구 구수동 68-29 창성B/D 2층
전화 / 712-9847, 9865
팩스 / 712-9884
이메일 / mwbook@paran.com

ISBN 89-7461-166-X   03150
책값은 표지에 있습니다
* 잘못된 책은 구입처에서 바꾸어 드립니다